행복한 사람은 시간을 잘 씁니다

행복한 사람은 시간을 잘 씁니다

원하는 것을 모두 이뤄주는 4단계 시간 사용법

박대휘 지음

siso

'자아'와 '시간'이
변화의 출발점이다

사람은 태어나는 것과 죽는 것을 자신의 마음대로 하지 못하지만 그 외에는 얼마든지 자신의 마음대로 할 수 있다. 이 책에는 필자가 7년 동안 학생들을 만나면서 무기력한 그들에게 희망을 주고 싶었던 마음을 고스란히 담았다. 꿈꾸는 것을 포기하고 게임과 스마트폰에 빠져 살아가는 학생들을 볼 때마다 이 시대를 살아가는 한 어른으로서 가슴이 아팠다.

'무기력한 이들에게 내가 해 줄 수 있는 것이 없을까?'

그 해답을 찾기 위해 다방면으로 공부하기 시작했다. 해답의 실마리는 '자아'와 '시간'에서 찾아볼 수 있었다. 자신을 바로 아는 것 그리고 시간을 소중하게 생각하는 것이 변화의 출발점이었다.

의외로 우리는 나 자신을 잘 모른다. 누군가 당신에게 "당신은 살아오면서 어떤 가치를 소중하게 생각하나요? 세 가지만 말씀해 주세요"라고 묻는다면 대부분은 바로 대답하지 못할 것이다. 학교에 다닐 때 누군가로부터 이런 질문을 받거나 배운 적이 없어서다. 또한 TV와 스마트폰은 우리에게 이런 값진 생각을 할 시간을 쉽사리 주지 않는다. 이제 모든 일을 잠시 멈추고 자신을 돌아봐야 한다. '내가 어디쯤 왔는지, 이 길이 내가 원하던 것이었는지, 이 길로 가면 죽을 때 후회가 없을지' 등등 스스로 질문을 던져야 한다. 이 책은 그 질문에 조금이나마 도움이 되고자 쓰였다.

후회 없는 삶을 살기 위해 우리는 무엇보다 주어진 시간에 대해 정확히 알아야 한다. 시간이 어떤 특징을 가지고 있으며, 시간의 개념이 왜 생겨났고, 나에게 남은 시간은 얼마이며, 이 시간에 무엇을 할 수 있는지를 확실히 알아야 한다. 누구나 매일 쓰는 시간이지만(구글의 통계에 따르면 '돈'보다 '시간'이라는 단어를 3.2배 더 많이 검색한다고 한다.) 우리는 시간에 대해서 잘 모른다. 하루가 24시간이고 한 번 지나가면 되돌릴 수 없다는 정도만 알고 있다. 시간은 생명과 다르지 않다. 누군가 당신에게 "1시간만 도와줘"라고 말한다면 당신의 생명에서 1시간을 달라고 하는 것과 같다. 물론 가치 있는 일이라면 아깝지 않지만 누구나 할 수 있는 일이라면 이야기는 달라진다.

따라서 시간을 소중히 여기는 자세가 만들어지지 않으면 아무리 시간관리를 한다 해도 제자리걸음일 것이다. 정답은 태도에 있다. 어떤 태도로 시간을 대하느냐에 따라 그 결괏값은 엄청나게 달라진다. 시간은 자신을 소중하게 생각하는 사람과 더 함께하고자 하며, 시간은 그러한 사람들에게 가치나 의미를 주고 싶어 한다. 우리가 가진 자원 중에서 시간만큼 귀중한 것은 없다. 이 소중한 자원으로 우리가 하고 싶은 것을 이루어 보자. 이 책이 당신의 후회 없는 삶의 길에 함께할 것이다.

『행복한 사람은 시간을 잘 씁니다』는 총 다섯 파트로 나누어져 있다. 첫 번째는 시간에 대한 이야기를 담았다. 시간의 소중함을 다시 한번 느낄 수 있을 것이다. 두 번째부터 다섯 번째까지는 시간관리 시스템에 관한 설명으로 목표, 계획, 실행, 피드백에 대한 이야기를 담았다. 목표 파트에서는 자신을 움직이는 욕망에 대해 '하·되·먹·갖'의 이야기로 풀어냈으며, 인생 쿠폰으로 큰 그림을 그릴 수 있도록 했다. 자신의 내면을 스스로 스케치해 볼 수 있는 시간이 될 것이다. 계획 파트에서는 매번 실패하는 원인을 분석하고 목표를 더욱 쉽게 이룰 수 있는 계획 짜는 법을 담았다. 실행 파트에서는 계획을 무너트리는 유혹에 대해 고찰해보고 한 가지에 집중하는 방법과 계획을 잘 지켜나갈 수 있는 꿀팁을 넣어 두었다. 끝으로 피드백 파트에서는 하루 '5분 피드백'으로 자신을 되돌아보고 잘하고 있는지를 스스로 판단하여 방향을 조절할 수 있도록 했다. 또한 자신을 객관적으로 바라볼 수 있도록 체크리스트를 첨부했다.

하늘로부터 이번 생에 큰 대리석을 선물로 받았다. 하루하루 정과 망치로 대리석을 조각했다. 거대한 대리석을 보고 있자니 어느 부분부터 정으로 쳐야 할지 막막했다. 일단 몇 군데 정과 망치로 쳐보았다. 대리석에서 파편이 떨어져 나올 때마다 나도 같이 아팠다. 대리석과 나는 연결되어 있는 듯했다. 대리석을 더 조각할지 아니면 그냥 놔둘지 갈림길에 섰다. 그냥 놔두자니 조각하다 만 돌이라 볼품이 없다. 조각하는 것을 멈추고 주변에 있는 다른 대리석을 둘러보았다. 그중에 어느 한 조각품에 마음이 끌렸다. 너무 아름다워 내내 마음이 울렸다. 아름다운 작품 앞에 있는 조각가에게 물었다.

"어떻게 이런 아름다운 작품을 만들 수 있나요?"

그는 아리송한 대답을 했다. 돌아오는 내내 그 말이 머리를 맴돌았다. 다시 돌아와 정과 망치를 들었다. 그리고 그 조각가가 한 말을 생각하며 대리석을 조각했다. 이제 파편이 떨어져 갈 때마다 고통과 함께 자유를 느낀다. 고통은 점점 익숙해지고 자유는 점점 커져만 간다.

"스킬보다 사랑."

그 조각가가 한 말이다. 후회 없는 삶을 위해 나는 나를 사랑하기로 했다.

차례 Contents

T

Time

시간

01 시간관리, 그게 가능할까?

시간

목표

계획

실행

피드백

우리는 늘 시간 속에서 시간과 함께 살아간다. 즉 우리의 인생은 시간에 의존하며 삶과 시간은 떼려야 뗄 수 없다. 그런데 누군가 "시간이 무엇이냐?"라고 묻는다면 제대로 답하기가 어렵다. 시간이라는 개념은 의미가 모호하고 딱 부러지게 정의를 내리기가 어렵다. 늘 함께 있어서 잘 안다고 생각하지만, 실상은 그리 많이 알고 있지 못하다. '하루는 24시간이다, 시간은 금이며 소중하다, 그래서 아껴 써야 한다, 삶의 재료다' 정도로만 알고 있다.

이처럼 눈에 보이지도 않고 형태가 없는 시간을 우리는 어떻게 잘 관리할 수 있을까? 돈관리, 자동차관리, 건강관리, 몸매관리는 가능하다. 그 변화가 눈에 보이기 때문이다. 그러나 시간을 관리한다는 것은 말처럼 쉽지 않다.

013

시간에 대한 예를 들어보자. 남자친구 K와 여자친구 L은 만난 지 1주년 기념으로 놀이동산에 갔다. 바이킹도 타고 회전목마도 타면서 즐거운 한때를 보내고 있다. 그런데 K는 며칠 전 동아리 모임에서 우연히 만난 S가 자꾸 떠올랐다. S는 K가 꿈에 그리던 완벽한 이상형이었다. 생각하지 않으려고 노력해도 S가 미소 지을 때의 모습이 자꾸만 아른거리고 가슴이 뛰었다. 놀이동산에 있는 동안 K는 S가 생각나 옆에서 L이 무슨 이야기를 해도 잘 들리지 않았다. 넋이 조금 나간 사람처럼 말이다. 이런 상태로 K와 L은 놀이동산에서 종일 같이 있었다. 그리고 저녁까지 함께 먹고 헤어졌다. 여기서 과연 K는 L과 함께 시간을 보냈다고 할 수 있을까? 시간과 공간을 함께했지만 정말 L과 시간을 보냈다고는 볼 수 없을 것 같다.

더 쉬운 예로, 한 학생이 기말고사 준비를 위해 수학 인강을 듣고 있다. 수학책을 펴놓고 인강을 듣고 있지만, 머릿속에는 이번 시험이 끝나고 친구랑 동해에 놀러 갈 생각(뭐 입지? 뭐 먹을까? 뭐 하고 놀지?)뿐이다. 눈은 모니터를 바라보고 귀는 영상 속 선생님의 목소리를 듣는다. 손은 노트에 중요공식을 기계적으로 적는다. 그러나 머릿속에서는 이미 동해에 놀러 가 있다. 뒤에서 흐뭇이 바라보는 어머니는 아이가 공부를 잘하고 있다고 생각한다.

이 두 가지 예에서 말하고자 하는 것은 이런 식으로 10시간을 관리한다 해도 실질적으로는 의미가 없다는 것이다. 시간 관리는 엄밀히 말하면 자기관리다. 시간에 초점을 두고 관리하면 표면적인 관리밖에 되지 않을뿐더러 잘 되지도 않는다. 시간에 초점을 두기보다는 자기 자신에게 초점을 두어야 더욱 정확하게 일정을 관리하고 소화할 수 있다.

끊임없이 흐르는 시간을 우리는 통제하거나 관리할 수 없다. 우리가 관리할 수 있는 것은 오직 '나 자신'뿐이다. 이 사실을 명확하게 인식하고 출발하지 않으면 한낮 뜬구름 잡듯 시간관리를 이해하고 다람쥐 쳇바퀴 돌듯 그 속에서 벗어나지 못한 채 그냥 의미 없는 시간만 보내게 될 것이다.

인간을 제외한 세계 전체가 수수께끼다.
그리고 인간 자체가 답이다.
- 루돌프 슈타이너

02 시간에는 끝이 있다

다음 중 우리가 가장 많이 쓰는 영어단어는 무엇일까?

① Money   ② Time   ③ Happy   ④ Person

구글 검색창에서 4개의 단어를 검색하면 Time은 141억 개, Happy는 53억 개, Person은 52억 개, Money는 43억 개의 검색결과가 나온다. 그래서 정답은 'Time'이다. 시간은 다른 단어들에 비해 대략 세 배 가까이나 검색결과가 많다. 그렇다면 이렇게 많이 사용하는 시간에 대해서 우리는 얼마나 알고 있을까?

먼저 시간의 길이에 대해 알아보자. 빅뱅 이후에 시간은 끝없이 계속되었다. 이 끝없는 우주의 시간 중 우리에게 주어진 시간은 무한한가, 유한한가? 누구나 시간이 유한하다는 것을 안다. 그럼, 우리에게 주어진 시간의 끝은 언제일까? 우리는 자신의 시간이 언제 끝날지 알 수 없다. 여기서 아이러니가 생긴다. 우리의 남은 시간은 유한한 것이 확실한데 그 끝이 언제인지는 알 수 없다. 막연히 오래 살 것 같은 느낌만 든다. 이 느낌이 우리가 시간을 사용할 때 제약 없이 편하게 소비하도록 만드는 원인이 될 수도 있다.

우리의 남은 시간을 대략 계산해보자. 통계청의 최신자료 (2019년)를 찾아보면 한국인 여자의 평균수명은 85.7세이고, 남자의 평균수명은 79.7세이다. 그럼 이 통계 수치를 토대로 나에게 남은 시간을 대략 계산해볼 수 있다. 태어난 연도에 남자의 경우 80을 더하고, 여자의 경우 86을 더하면 된다. 그럼 남은 시간이 나온다. 예를 들어, 당신이 1985년 12월 19일 새벽 3시에 남자로 태어났다면, 1985+80=2065년이 된다. 당신이 평균수명을 산다면 인생의 마감 시간은 2065년 12월 19일 새벽 3시가 되는 것이다. 당신의 시간이 이때 끝난다고 가정하면 어떨까? 지금과 똑같이 생활할 것인가? 만약 그렇다면 당신은 잘 살고 있는 것이다. 반면 그렇지 않다면 후회하지 않는 삶을 살기 위해서 변화를 주어야 한다.

어제의 '나'와 오늘의 '나' 그리고 내일의 '나' 사이에는 신체적으로나 정신적으로 큰 차이가 없다. 사실은 아주 조금씩 늙어가고 있거나 미세하게 생명의 빛이 약해지고 있지만, 우리는 그 차이를 인지하지 못한다. 그래서 우리는 지금 이대로 변함없이 쭉 살아갈 것 같은 착각에 빠지게 된다. 마치 끝나는 시점이 너무 멀어서 무한한 것 같은 착각, 어제와 오늘 그리고 내일로 이어지는 끝없는 반복이 주는 착각은 시간의 끝에 대한 인식을 무디게 만든다.

이탈리아에 있는 산타 마리아 델라 콘체지오네 성당 지하에는 시간의 중요성을 알려주는 으스스한 장소가 있다. 수천 개의 척추뼈로 만든 제단, 수백 개의 두개골로 만든 아치, 손뼈나 다리뼈로 만든 샹들리에 등 4,000여 명의 수사(천주교회에서 수도공동체의 일원으로 생활하는 남자 수도승)의 유골로 만들어진 장소다. 대부분 관광객은 근처 바티칸 미술관에 전시된 예술품을 보듯이 그냥 재빠르게 둘러본 후 다음 목적지를 향해 이동한다. 그러나 몇몇 이들은 이곳에 쓰여 있는 의미심장한 메시지에 발길을 멈춘다. 제단 앞에는 다음과 같은 글귀가 쓰여 있다.

한때 그들은 당신과 같았으며
언젠가 당신도 그들처럼 될 것이다.

당신에게 누군가 꽃을 선물한다고 하자. 꽃은 두 종류로 하나는 조화이고, 다른 하나는 생화이다. 당신은 무엇을 선택하겠는가? 보통 우리는 시들지 않고 경제적이며 가성비까지 좋은 조화보다 생화에 더 마음이 끌린다. 그 이유는 여러 가지가 있겠지만, 생화에는 끝이 있기 때문이다. 언젠가 사라질 그 끝이 있기에 살아있는 이 순간이 더 애틋하고 소중하게 느껴진다. 생화처럼 우리들의 삶이 아름다운 것은 그 끝이 있기 때문이다. 죽음이 있기에 삶이 더 빛나는 것이다. 어둠이 짙을수록 빛은 더 환해지는 것처럼 말이다. 이제 그 유한함과 소중함의 관계에 대해 한번 생각해보자.

K는 평범하게 하루하루를 살아가고 있었다. SNS에 부유하게 살아가고 있는 어떤 사람들을 보며 자신도 돈을 마음껏 써보고 싶다는 생각이 들었다. 어느 날 K는 램프 요정 지니로부터 지갑을 선물 받았다. 이 지갑은 돈을 아무리 써도 줄지 않는 마법의 지갑이다. 지갑을 받은 첫날 혹시나 하는 마음으로 조금 써봤다. 신기하게 그다음 날 돈이 바로 채워졌다. 그 후로 씀씀이가 늘어나기 시작했다. 어느 순간 돈의 소중함을 잊은 채 마구 사용하게 되었다.

또 다른 예로 이번엔 L이다. L은 지갑을 열어보니 5만 원권 지폐 한 장과 1만 원 지폐 세 장 그리고 1천 원권 지폐 다섯 장이 들어있다. 이번 달에 사용할 수 있는 돈이다. L은 돈을 사용할 때마다 이 소비가 옳은지, 꼭 써야 하는지, 다른 대안은 없는지, 이 돈을 아낄 방법은 없는지 등을 생각하게 된다. 만 원한 장, 천 원 한 장이 소중하기만 하다.

위의 두 예에서 보듯이 우리는 시간의 아이러니가 주는 무한의 착각에서 벗어나 그 끝을 인지하고, 그 끝에서 지금의 순간을 바라볼 때 시간을 더욱 값지고 소중하게 사용할 수 있을 것이다. 우리는 늘 깨어 있어야 한다. 그렇지 않으면 손가락 사이로 새어나가는 모래알처럼 나의 시간도 눈 깜짝할 사이에 사라져버린다. 인생은 끝이 있고, 그 끝은 지금 이 순간을 소중하게 만들며, 삶을 더욱 빛나게 해준다. 우리가 변화하고 성장해야 하는 이유 중의 하나는 우리에게 주어진 시간이 한정적이라는 점 때문이다. 시간이 무한하다면 굳이 이렇게 열심히 노력할 필요가 없을지도 모른다.

1849년 12월, 러시아 세묘뇨프광장(사형집행소) 사형대 위에 반체제 혐의로 잡혀 온 28세의 젊은 사형수가 있었다. 매서운 바람을 뚫고 집행관이 소리쳤다.

"마지막 5분의 시간을 주겠다."

청년에게 주어진 세상과 작별할 마지막 시간은 단 5분이었다. 5분 뒤에 그는 사라진다. 사형수는 절망했다.

'내 인생이 이제 5분 후면 끝이라니. 남은 5분 동안 나는 무엇을 할 수 있을까?'

그는 가족과 동료들을 생각하며 기도했다.

'사랑하는 내 가족과 친구들, 부디 먼저 떠나는 나를 용서하고 나 때문에 너무 많은 눈물을 흘리지 마십시오. 그리고 너무 슬퍼하지도 마십시오.'

집행관은 2분이 지났음을 알렸다.

'아! 후회할 시간도 부족하구나. 난 왜 그리 헛된 시간 속에 살았을까. 찰나의 시간이라도 내게 더 주어졌으면….'

그리고 마침내 집행관은 마지막 1분을 알렸다. 사형수는 두려움에 떨며 주위를 둘러보았다.

'아, 매서운 칼바람도 이제는 느낄 수 없겠구나. 나의 맨발로 타고 오르는 냉기도 이제는 더 이상 느낄 수 없겠구나. 더는 볼 수도 없고 더는 만질 수도 없겠구나. 모든 것이 아쉽고 아쉽다.'

사형수는 처음으로 느끼는 세상의 소중함에 눈물을 흘렸다.

"자, 이제 집행을 시작하겠습니다."

집행관이 소리쳤다. 사형수의 귀에는 사격을 준비하는 소리가 들렸다.

'살고 싶다. 살고 싶다. 조금만, 조금이라도 더….'

'철컥' 탄환을 장전하는 소리가 그의 심장을 뚫었다. 바로 그 순간, 한 병사가 소리치며 사형장으로 달려왔다.

"멈추시오! 형 집행을 멈추시오!"

사형 대신 유배를 보내라는 황제의 급한 전갈이 도착한 것이었다. 가까스로 집행은 멈추었고 사형수는 죽음의 문턱에서 극적으로 돌아올 수 있었다.

이 이야기에 등장하는 사형수는 러시아의 대문호 도스토옙스키다. 죽음의 문턱에서 돌아온 그날 밤, 그는 담담한 어조로 동생에게 편지를 썼다.

'지난 일을 돌이켜보고 실수와 게으름으로 허송세월했던 날들을 생각하니 심장이 피를 흘리는 듯하다. 인생은 신의 선물. 모든 순간은 영원의 행복일 수도 있었던 것을 조금 젊었을 때 알았더라면···. 이제 내 인생은 바뀔 것이다. 다시 태어난다는 말이다.'

그 후 시베리아 수용소에서 보낸 4년은 그의 인생에서 가장 값진 시간이 되었다. 혹한 속에서 무려 5kg의 족쇄를 매달고 사는 순간에도 그는 창작 활동에 전념했다. 글쓰기가 허락되지 않았던 유배 생활이었지만 시간을 낭비할 수 없어 종이 대신 머릿속으로 소설을 쓰기 시작했고, 심지어 그 모든 것을 외워버리기까지 했다. 유배 생활을 마치고 세상으로 나온 도스토옙스키는 '인생은 5분의 연속'이라는 각오로 글쓰기에 매달렸다. 그는 1881년 눈을 감을 때까지 『죄와 벌』, 『카라마조프가의 형제들』과 같은 수많은 불후의 명작을 발표했다.

도스토옙스키처럼 한순간에 비약적인 변화를 끌어낸 이들

에게는 공통점이 있다. 바로 죽음에 이르는 체험을 했다는 것이다. 조난으로 죽음 직전에 구출됐다거나 큰 사고로 죽을 뻔하다가 구사일생으로 살아났다. 이들은 삶이 유한하다는 것을 뼛속 깊이 느끼고 하루, 한 시간이 얼마나 소중한지를 몸소 경험했다. 이후 '소중한 시간을 정말 의미 있고 가치 있게 사용해야겠다'라는 다짐으로 매 순간 후회 없이 살아갔다.

누구나 그러한 경험을 하지는 못하지만, 간접적으로나마 삶이 유한하다는 것을 인식하고 소중한 시간을 더욱 가치 있게 보내야 한다. 나의 남은 날들을 알아보기 위해 Life Time Box에 살아온 날을 표시해 보자(p.205 부록 참고). 연필, 색연필, 형광펜 등 어느 필기구나 상관없다. Life Time Box를 잘 보이는 곳에 붙여두고, 한 달을 적극적으로 살고 나서 체크한다. 당신의 시간과 삶이 지난달과 비교해 깊이가 생길 것이다.

Life Time Box 예시와 사용법

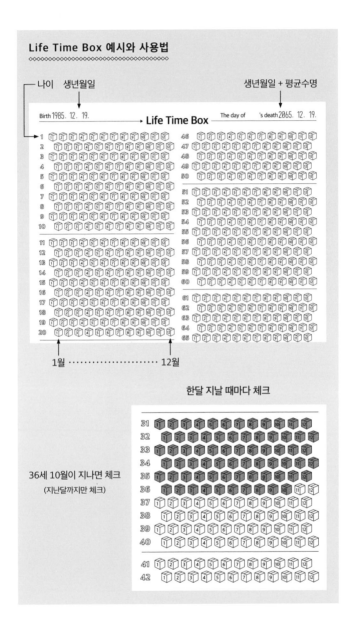

나이   생년월일

생년월일 + 평균수명

Birth 1985. 12. 19. → **Life Time Box** The day of 's death 2065. 12. 19.

1월 ·················· 12월

한달 지날 때마다 체크

36세 10월이 지나면 체크
(지난달까지만 체크)

하루는 정말 24시간일까?

　기상청에서 날씨 예보를 할 때 10월에서 다음 해 4월까지는 온도와 함께 실제 사람이 느끼는 체감온도를 같이 발표하고 있다. 올해 들어 가장 추운 날이라는 예보를 보고 목도리, 장갑, 내복 등 완전무장을 하고 나갔는데 어제보다 덜 춥게 느낀 적이 있을 것이다. 날씨 예보는 온도계에 따른 온도만을 예보한다. 온도계는 공기 중의 온도만 측정하고 풍속이나 습도, 일사량 등 사람이 느끼는 여러 가지 환경 요인은 고려하지 않는다. 공기 중의 온도만으로는 사람들이 느끼는 추위를 정확하게 나타낼 수 없다. 따라서 겨울철 날씨는 기온보다 체감온도에 따라 좌우되는 경향이 크다. 체감온도는 말 그대로 우리의 몸이 느끼는 온도다. 기온 이외에 바람의 세기, 습도, 햇볕의 양, 체질, 심리상태에 따라 영향을 받는다. 겨울철에는 같은 온도라도 바람이 세게 불면 더 춥게 느껴진다. 바람과 한기가 우리 피부에서 열을 빼앗아 가기 때문이다.

시간도 마찬가지다. 하루는 정확히 24시간이지만 우리가 느끼는 체감 시간은 생활환경과 패턴에 따라 모두 다르다. 실제 24시간보다 짧게 느껴지는 경우가 많다.

평범한 K의 하루를 심플하게 살펴보자. 하루 24시간 중 수면시간은 7.5시간, 식사 시간은 2.5시간(아침 30분, 점심과 저녁 각 1시간), 근무시간은 8시간, 출퇴근 이동 시간은 2시간, 세면 및 준비 시간은 0.5시간(세수 or 샤워, 코디 시간, 가방 챙기기 등등)이 소요된다. 수면, 식사, 일, 이동, 준비 시간 등 하루를 생활하는 데 꼭 필요한 시간을 '하루 고정 시간'이라고 이름 붙인다. 그렇다면 K의 경우 하루 고정 시간은 20.5시간이며, 이를 제외한 '하루 변동 시간(자유시간)'은 3.5시간이다. '하루를 24시간으로 볼 것인가? 아니면 하루를 3.5시간으로 볼 것인가?' 이 두 가지 관점은 시간을 컨트롤하고 사용하는 데 큰 차이를 가져다준다. 나의 하루가 3.5시간일 거라고 한 번도 생각해보지 않은 사람들은 아마도 깜짝 놀랄 것이다.

하루 고정 시간은 우리가 어쩔 수 없이 사용하는 시간으로 컨트롤할 수 있는 시간이 아니다. 물론 잠을 줄인다든지, 밥을 빨리 먹는다든지, 한산한 새벽에 출근한다든지 해서 아주 조금은 이 시간을 줄일 수 있다. 하지만 근본적으로는 일을 그만

둔다거나 특별한 일이 없는 한 고정 시간을 크게 줄일 수 없다. 따라서 고정 시간을 컨트롤하려고 노력하기보다는 오히려 변동 시간을 적절하게 사용하고 관리하는 데 초점을 맞추어야 한다.

예를 들어, K가 한 달에 300만 원의 월급을 받는다고 하자. 월급 받은 날 20만 원짜리 구두를 사고, 50만 원짜리 코트를 사고, 최신형 스마트폰으로 바꾸고, 저녁에 호텔에서 코스요리를 먹었다면 어떨까? 월급이 300만 원이면 대략 실수령액은 2,656,240원 정도이다. 따라서 월급이 300만 원이 아닌 265만 원으로 생각해야 한다. 여기에 대출이자, 교통비, 생활비, 보험료, 아파트 관리비 등 매달 나가는 고정비를 빼야 한다. 즉 통장을 스치고 남는 돈이 실제 월급인 것이다. 만약 통장에 30만 원이 남았다면 실제 월급이 30만 원이라고 생각한 후 그 범주 내에서 어떻게 잘 쓸지를 생각하는 것이 더 현실적이고 바람직하다.

시간도 마찬가지다. 하루를 24시간으로 생각하고 생활하면 실제 체감하는 시간과의 오차가 생긴다. 이 간극을 줄이는 것이 무엇보다 중요하다. 하루를 3.5시간이라 생각하고 이 시간을 어떻게 보내고 관리할 것인지를 고민해야 한다. 하루 24시간을 모조리 관리하다 보면 지친다. 내가 관리 가능한 3.5시간을 어떻게 보낼지를 생각하는 편이 현명하다. 이마저도 처음에는 1~2시간으로 작게 설정하고, 그 시간을 알차게 보낸 후 조금씩 늘려가는 것이 좋다.

하루 24시간을 열심히 사는 것도 중요하지만 처음부터 그렇게 하기는 쉽지 않다. 24시간 중 하루 고정 시간은 평소대로 보내고 자신이 만들어낸 자유 변동 시간을 의미 있게 보내자. 하루를 3.5시간으로 바라보게 되면, 하루 핵심 시간을 발견하게 되고 어느 부분에서 더 집중하며 에너지를 쏟아야 하는지가 보이기 시작한다.

나만의 업글(업그레이드) 시간 찾기

1. 하루 중 나만을 위해서 사용 가능한 시간을 찾는다.
   : 누구에게도 방해받지 않는 하루의 쉼표 같은 시간을 찾는 것이다.
2. 그 시간에 이름을 붙인다(예, OO의 쉼표, OO의 프리 타임 등).
   : 필자의 경우는 'am4me(나를 위한 새벽)'이다.
3. 이 시간에는 스마트폰을 비행기 모드로 바꾸거나 전원을 끄고, 특별한 경우가 아니면 눈에 보이지 않는 곳에 잠시 둔다.
4. 오롯이 나만을 위해 시간을 쓴다.
   : 책을 읽거나 글을 쓰거나 명상, 취미 생활도 좋다.

나만의 업글 시간을 찾는 것은 자신의 삶을 가치 있게 살고자 하는 사람에게는 무엇보다 중요하다. '나'라는 그릇 안에 황금색 물을 채운다고 비유했을 때 나만의 업글 시간을 찾고 하루하루 실행해 나가면 황금색 물방울이 한 방울, 두 방울 그릇에 쌓여갈 것이다. 처음에는 티가 나지 않는다. 100방울이 넘어도 티가 나지 않는다. 눈에 띄는 변화가 없는 이 시간을 묵묵히 지나가야 한다. 아주 작지만, 변화는 이미 시작되고 있다. 아무런 변화가 눈에 보이지 않는다고 해도 중도에 포기하지 말고, 이 시간을 계속 늘려간다면 어느 순간 물이 차오른 것을 볼 수 있을 것이다.

당신은 진정 변화하기를 원하는가? 진정 업글 인간이 되고자 하는가? 그렇다면 나만의 업글 시간을 찾고, 지속해서 유지하며, 가능하다면 계속 업글 시간을 늘려가야 한다. 어느 순간 새로운 자신을 마주하게 될 것이다.

04 당신의 1시간은 얼마인가?

"당신이 가진 1시간의 가치는 얼마라고 생각하는가?"

만약 당신의 1시간을 1만 원이라고 생각한다면 당신은 1만 원의 가치로 시간을 사용할 것이며, 당신의 1시간을 100만 원이라고 생각한다면 당신은 100만 원의 가치로 시간을 사용할 것이다. 머릿속에 잠재되어 있는 '스스로 책정한 시간의 가치'에 따라 우리는 시간을 소중하게 사용하거나 아니면 헤프게 사용한다. 잠재의식 속에 시간의 가치가 '높음'으로 세팅되어 있지 않으면 어떤 시간관리 툴이나 플래너를 쓴다 하더라도 별 효과가 없는 제자리걸음일 수밖에 없다. 시간 게임에서 승리하기 위해서는 먼저 자신의 시간 가치를 원하는 만큼의 큰 값으로 정하고 거기에 맞게 생각하고 행동해야 한다.

시간을 얼마나 소중하게 생각하는지가 모든 시간관리의 핵심이다. 우리가 시간을 소중하게 생각하지 않는다면 시간도 우리를 소중하게 생각하지 않고, 그 시간은 무의미한 곳으로 사라져 버린다. 반대로 5분, 10분의 자투리 시간이라도 정말 소중하게 생각하고 늘 아껴준다면 시간은 그 보답으로 우리를 위해 헌신하고 노력해서 우리의 가치를 더 높여준다.

'당신의 1시간은 얼마인가?'

바로 이 질문이 우리의 삶을 송두리째 바꾸어 놓을 것이다. 10만 원이라고 생각하면 10만 원만큼 우리의 가치가 바뀌고, 100만 원이라고 생각하면 100만 원만큼 우리의 가치가 바뀌게 된다. 즉 시간관리의 근본적 핵심은 '자신의 시간이 매우 소중하고 진정으로 가치가 높다는 것'을 인식함에 있다. 스스로 '가치가 높다'라고 생각하면 그에 걸맞은 행동을 낳고, 그 행동이 높은 가치의 결과를 낳는다.

나무 한 그루가 있다고 가정하자. 이 나무는 '시간의 나무'이며, 나무에 열매들이 달려있다. 열매는 우리가 만들어낸 결과물(시간당 우리가 받는 금액)이다. 그 열매들을 보니 마음에 흡족하지 않다. 열매의 개수가 적고, 크기도 작고, 맛도 없다(시간당 낮은 금액). 그럼 어떻게 해야 할까? 대부분은 결과에 더 관심을 가지고 신경을 쓴다. 하지만 실제로 열매를 만들어내는 근원은 뿌리다. 땅 위의 열매를 존재하게 하는 것은 땅속 뿌리에 있다. 열매가 달라지길 바란다면 먼저 뿌리가 달라져야 한다는 의미다. 우선 뿌리를 튼튼히 해야 한다. 열매는 결과이고 뿌리는 생각이다. 곧 생각을 바꾸어야 결과가 바뀐다.

우리가 시간에 대한 생각을 바꾸지 않으면 큰 변화 없이 지금처럼 살게 될 것이다. 따라서 시간에 대한 생각을 먼저 바꾸어야 한다. 시간을 소중하게 대하는 마음 그리고 시간의 가치를 높게 생각하는 것이 뿌리를 튼튼하게 만드는 기초다. 뿌리를 튼튼하게 만들면 자연히 열매는 커지고 많아진다. 그로 인해 우리는 많은 열매(시간당 높은 금액)를 수확할 수 있다. 그럼 이제 튼튼한 뿌리를 만드는 '시간영수증' 트레이닝을 시작해 보자(p.206 부록 참고).

시간영수증은 자신의 24시간 지출 내용을 기록하고 시간 소비 패턴을 분석하는 것이다. 하루는 24시간이고 1시간을 100만 원이라고 가정하면, 하루에 2,400만 원의 거금이 생긴다. 하루가 지나면 2,400만 원은 사라진다. 이 돈을 어디에 쓰는지에 따라 미래가 바뀐다. 시간영수증 트레이닝은 3일만 하면 익숙해진다. 세어나가는(낭비되는) 시간을 잡기 위해 꼼꼼하게 잘 기록하는 것이 중요하다. 구멍이 큰 그물로는 물고기를 잡을 수 없다.

시간영수증 사용법

1. 사용 시간을 화살표로 체크한다.

2. 금액을 적는다. 1시간을 쓰면 100만 원, 30분을 쓰면 50만 원, 15분을 쓰면 25만 원 지출로 계산한다.

3. 지출 내용을 적는다(잠, 아침, 운동, 독서, 이동 등).

4. 하루를 피드백하고 분석한다.

#1

① 사용자
② 일차
③ 날짜 기입

#2

① 시간
② 금액
③ 내역

*시간대별로 자세히 기입

[시간당 금액 계산법]
1시간: 100만 원
30분: 50만 원
15분: 25만 원

#3

① 피드백 체크
② 계산
③ 스코어 작성

#4

시간의 소중함에 대해 느낀 점을 적는다.

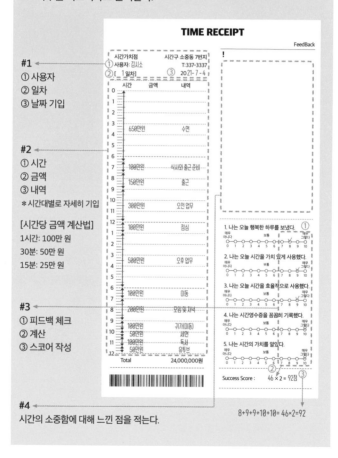

TIME RECEIPT

FeedBack

시간가치점	시간구 소중동 7번지
① 사용자: 김시소	T: 337-3337
② [1 일차]	③ 2021-7-4

시간	금액	내역
0~4	650만원	수면
7	100만원	식사와 출근 준비
8	150만원	출근
10	300만원	오전 업무
12	100만원	점심
3~4	500만원	오후 업무
7	100만원	이동
8	200만원	모임 및 저녁
9	100만원	귀가(이동)
10	50만원	세면
11	100만원	독서
12	50만원	유튜브
Total	24,000,000원	

1. 나는 오늘 행복한 하루를 보냈다. ①
매우 아니다 / 보통 / 매우 그렇다
0 1 2 3 4 5 6 7 8 9 10

2. 나는 오늘 시간을 가치 있게 사용했다.
매우 아니다 / 보통 / 매우 그렇다
0 1 2 3 4 5 6 7 8 9 10

3. 나는 오늘 시간을 효율적으로 사용했다.
매우 아니다 / 보통 / 매우 그렇다
0 1 2 3 4 5 6 7 8 9 10

4. 나는 시간영수증을 꼼꼼히 기록했다.
매우 아니다 / 보통 / 매우 그렇다
0 1 2 3 4 5 6 7 8 9 10

5. 나는 시간의 가치를 알았다.
매우 아니다 / 보통 / 매우 그렇다
0 1 2 3 4 5 6 7 8 9 10

Success Score : ② 46 × 2 = 92점 ③

8+9+9+10+10= 46×2=92

05 '9시 1분'은 '9시'가 아니다

어느 추운 겨울날 밤, K는 자취방에서 TV를 보다가 주인공
이 옥탑방에서 라면을 먹는 장면을 보고 갑자기 라면이 너무
먹고 싶어졌다. 자취방에는 라면이 없던 터라 동네 친구 L에
게 전화를 걸어 '불새라면' 가게에서 불짬뽕면을 같이 먹자고
꼬셨다. L이 처음에는 안 된다고 했지만 결국에는 라면집에서
만나기로 하고 전화를 끊었다. 약속 시간까지는 조금 여유가
있어서 K는 게임 한판을 시작했다. 그렇게 한참 게임에 몰입
중인데 L에게서 전화가 왔다. "언제 오냐?"라며 짜증을 냈다.
시계를 보니 약속한 시간에서 10분이나 지나 있었다. L에게는
라면을 주문하라고 한 후 게임을 대충 마무리하고 라면집으로
향했다. 가는 도중에 또 전화가 왔다. L은 "라면이 나와서 다
불어 터지는 중"이라고 친절히 소리쳤다.

어디를 가나 꼭 약속에 늦는 사람들이 있다. 어쩌다 한번 늦는 게 아니라 습관적으로 매번 늦는다. 이들은 9시와 9시 1분의 차이가 없다. 심지어는 9시와 9시 30분도 큰 차이를 못 느낀다. 평소에는 문제가 되지 않을 수도 있지만 결정적일 때는 큰 문제로 나타난다. 1년간 준비했던 국가시험, 친구들과 같이 가기로 한 유럽 여행 비행기 시간, 비즈니스에서 중요한 계약서 작성 시간처럼 말이다. 1분 차이로 시험을 보느냐 못 보느냐, 유럽 여행을 가느냐 못 가느냐, 계약을 성사시키느냐 못 시키느냐가 판가름 난다. 시험과 비행기 출발 시각은 1분만 늦어도 끝이다. 1년을 또 기다리거나 다음 비행기의 비싼 티켓을 끊어야 한다. 결정적인 순간에 그동안 쌓아 놓았던 지각의 시간은 부메랑이 되어 자신에게 되돌아오는 것이다.

옛날에 핑크색을 광적으로 좋아하는 핑크 대왕 퍼시가 살고 있었다. 그는 자신의 옷뿐만 아니라 모든 소유물이 핑크색이었다. 핑크 대왕은 이것으로 만족할 수 없었다. 성 밖에는 핑크가 아닌 다른 색들이 수없이 존재하고 있었기 때문이다. 고민 끝에 핑크 대왕은 백성들의 모든 소유물을 핑크로 바꾸라는 법을 제정했다. 왕의 일방적인 지시에 반발하는 사람들이 많았지만 어쩔 수 없이 그날 이후 백성들도 옷과 그릇, 가구 등을 모두 핑크색으로 바꾸었다. 그러나 핑크 대왕은 여전히 만족하지 않았다. 세상에는 아직도 핑크가 아닌 것들이 존재하고 있었기 때문이다. 그래서 이번에는 나라의 모든 나무와 풀과 꽃, 동물들까지도 핑크색으로 염색하도록 명령했다. 대규모의 군대가 동원되어 산과 들로 다니면서 모든 사물을 핑크색으로 염색하는 진풍경이 연출되었다. 심지어 동물들은 갓 태어나자마자 바로 핑크색으로 염색되었다.

드디어 세상의 모든 것이 핑크로 변한 듯 보였다. 하지만 단 한 곳, 핑크로 바꾸지 못한 곳이 있었으니 그건 바로 하늘이었다. 제아무리 무소불위의 권력을 가진 왕이라도 하늘을 핑크로 바꾸는 것은 불가능한 일이었다. 며칠을 전전긍긍했지만 뾰족한 수가 떠오르지 않자, 핑크 대왕은 마지막 방법으로 자신의 스승을 찾아가 묘책을 세워달라고 요청했다. 밤낮으로 고심하던 스승은 마침내 하늘을 핑크색으로 바꿀 방법을 찾아내고는 무릎을 쳤다.

핑크 대왕 앞에 나아간 스승은 이미 하늘을 핑크색으로 바꿔놓았으니 준비한 안경을 끼고 하늘을 보라고 했다. 대왕은 반신반의하면서도 스승의 말에 따라 안경을 끼고 하늘을 올려다봤다. 핑크 대왕은 크게 기뻐하며 그날 이후 매일 핑크 안경을 끼고 세상을 바라보면서 행복한 나날을 보냈다. 백성들은 더 이상 핑크색 옷을 입지 않아도 되었고, 동물들도 핑크색으로 염색할 필요가 없었다.

이와 같은 우화에서처럼 핑크색 안경을 끼면 온 세상이 핑크로 보인다. 보라색 안경을 끼고 보면 온통 보라색으로 보인다. 뿌연 안경을 끼고 보면 세상이 뿌옇게 보인다. 이것이 심리학에서 말하는 '프레임'이다. 자신이 끼고 있는 안경대로 세상을 보게 되는 것이다. 명확하고 뚜렷한 안경을 끼고 보면 뚜렷하게 보인다. 시간에서도 바라보는 관점이 중요하다. 시계의 분침과 시침을 명확하고 깨끗하게 볼 필요가 있다. 그래서 9시 1분은 절대 9시가 아니다.

불투명한 안경을 끼고 있는 경우는 눈금이 넓은 시간의 자를 보며 산다. 그래서 약속 시각이 얼마나 남았는지 정확하게 분간하지 못한다. 대충 시간을 계산하고 준비하다 보면 생각보다 늦어지게 된다. 반대로 뚜렷한 안경을 끼고 있는 경우는 눈금이 촘촘한 시간의 자를 보며 산다. '약속 시각까지 56분 남았네. 그럼 5분 동안 옷을 입고, 3분 정도 소지품을 챙기고, 버스 타고 18분 가면 약속 시각 20분 전에 도착하겠네'처럼 각 상황을 판단하여 이에 맞게 행동한다. 약속 시각을 잘 지키기 위해서는 이처럼 시간을 촘촘하게 나누어야 한다. 예를 들어, 2시에 대학로에서 친구를 보기로 했다면 준비 시간을 계산해야 한다. '세수하는 데 5분, 코디하는 데 8분, 가방 챙기는 데 3분, 마을버스 15분, 환승해서 걷는 데 5분, 지하철 20분 총 57분이 걸리네. 그럼 1시 40분까지 도착한다고 가정하면 12시

43분에 출발 준비를 시작해야 1시 40분에 닿겠구나'라고 계산해야 매 순간 진행 상황을 알 수 있고 약속 시각에 늦지 않게 된다.

우리가 준비해야 할 일들을 촘촘히 나누면 나눌수록 안전하게 약속 시각 안에 도착할 수 있다. 약속 시각뿐만 아니라 업무에서도 마찬가지다. 해야 할 일을 촘촘히 나눌수록 기한 내에 그 일을 마칠 확률이 높아진다. 불투명한 안경을 벗어 던지고 뚜렷한 안경을 낀 후 세상을 바라보자. 마음속 시간의 눈금자가 촘촘해져서 우리를 더욱 스마트하게 만들고, 약속 시각을 잘 지키는 믿음과 신뢰가 가는 사람으로 만들어 줄 것이다. 꼭 기억해야 한다. 9시 1분은 절대 9시가 아니다.

06 공간을 먼저 심플하게 만든다

인간은 환경의 스펀지다. 인간은 주변에 있는 모든 것을 빨아들이며 그 주변과 똑같이 변해간다. 주변에 긍정적인 친구들이 많으면 긍정적으로, 부정적인 친구들이 많으면 부정적으로 바뀐다. 공간도 마찬가지다. 미국 하버드대학교 교수였던 제임스 윌슨과 동료 조지 켈링은 1982년 3월에 월간 「애틀랜틱」에 공동으로 '깨진 유리창의 법칙'을 발표했다. 깨진 유리창 하나를 내버려 두면 그 지점을 중심으로 범죄가 확산하기 시작한다는 이론이다. 사소한 무질서를 방치하면 큰 문제로 이어질 가능성이 크다는 의미를 담고 있다.

1980년대 뉴욕시는 연 60만 건 이상의 범죄가 발생하는 도시였다. 그래서 당시 여행객들 사이에서는 "뉴욕 지하철은 절대 타지 말라"는 말까지 나돌았다. 미국 라토가스대학의 켈링 교수는 뉴욕시의 범죄를 줄이기 위해 한 가지 색다른 제안을 했다. 지하철에 있는 모든 낙서를 지우는 것이었다. 당시 교통국의 국장은 고심 끝에 교수의 제안을 받아들이고 6,000대의 지하철 차량과 지하철 역사의 낙서를 지우기로 했다. 낙서가 너무 많아 지우기 시작한 지 5년이 지난 1989년이 되어서야 모두 지울 수 있었다. 낙서를 지우기 시작한 지 2년째부터 범죄율이 줄어들었고, 1994년에는 50%로 감소했다. 최종적으로 지하철 낙서 지우기 프로젝트는 뉴욕의 범죄율을 75%나 감소시켰다.

또 다른 사례를 살펴보자. 먼저 범죄가 자주 일어나는 골목에 자동차 두 대를 일주일간 세워 둔 실험이다. 그중 한 대는 보닛만 열어 놓은 채로, 다른 한 대는 창문도 조금 깬 상태로 세워두었다. 일주일 후 자동차의 상태는 어떻게 달라져 있었을까? 창문을 깨 놓은 차는 10분 만에 배터리가 없어지고 누군가가 타이어까지 훔쳐갔다. 그 후로 일주일이 지난 시점에는 차량이 완전 고철 덩어리가 되어버렸다. 보닛만 열어 놓은 차는 큰 변화가 없었다. 두 자동차의 차이는 단 하나, 창문을 살짝 깨뜨려 놓은 것뿐이었다. 사람들은 창문이 깨진 차를 버려진 차로 인식한 것이다.

다음은 유럽에서 있었던 실험이다. 네덜란드 그로닝겐대학의 연구팀은 2008년 여섯 번에 걸쳐 '깨진 유리창의 법칙'을 실험했다. 첫 번째 실험 장소로 연구팀은 그로닝겐 지역에 있는 쇼핑몰 주변의 자전거 주차장을 선택했다. 쓰레기통이 설치되지 않은 좁은 골목길이었다. 이 골목길에 세워져 있는 자전거 손잡이에 스포츠 의류 광고 전단지를 붙인 후 자전거를 타러 오는 사람들이 그 전달지를 어떻게 처리하는지를 관찰했다. A의 경우는 골목길 벽이 단일 색으로 깔끔하게 칠해진 환경에서 실험했고, B의 경우는 벽에 낙서가 되어 있는 환경에서 실험했다. 실험 결과, A의 경우는 33%의 사람들이 바닥에 전단지를 버렸고, B의 경우는 무려 69%의 사람들이 바닥에 전단지를 버렸다. 이와 같이 주변 환경이 사람들의 행동에 큰 영향을 미친다는 것을 알 수 있다.

시간관리와 공간관리는 밀접한 관계에 있다. 아무리 시간관리를 깔끔하게 잘한다고 해도 늘 함께하는 공간이 깔끔하지 않다면 그 시간관리는 오래가기 힘들다. 앞의 실험에서 살펴보았듯이 깔끔하지 않은 환경이 사람의 행동방식에 영향을 주기 때문이다. 당신의 방이 잘 정돈되어 있지 않으면 당신은 계획을 어길 확률이 높아진다. 반대로 정리정돈을 잘해서 방을 깔끔하게 유지하면 그만큼 계획을 지킬 확률이 높아진다. 우리가 늘 생활하고 있는 공간이 우리의 미래라고 보면 된다. 그래서 시간관리와 반드시 함께해야 하는 것이 공간관리다. 더 엄밀히 말하면 시간관리 전에 공간관리를 하는 것이 우선일지도 모른다. 머릿속을 정리하기 전에 주변을 정리하는 것이 포인트다.

우리는 물질의 풍요 속에서 살고 있기에 집안에 물건들이 넘쳐난다. 버리기는 아깝고 가지고 있자니 짐이 되는 물건들이 많다. 새로운 출발을 위해서는 과거를 버려야 한다. 공간을 정리하기 전에 일단은 버릴만한 것이 무엇인지 살펴보고, 지난 1년간 사용하지 않았다면 앞으로도 사용하지 않을 가능성이 크기에 과감하게 처리한다. 이후 남아있는 것들을 각자의 사정에 맞도록 깔끔하게 정리한다.

여기서 정리의 가장 큰 포인트는 바로 책상이다. 책상은 당신의 머릿속이라고 생각하면 된다. 머릿속을 맑게 하려면 책상을 정리해야 한다. 책상 서랍을 열었을 때 잡다한 물건들로 가득 차 있다면 정리를 시작한다. 이때 꿀팁은 '여유 공간 30%'이다. 서랍마다 여유 공간이 30% 정도 생길 수 있도록 정리하는 것이 좋다. 다시 말해 서랍이 70% 정도 차면 그때부터 무엇을 버려야 할지 고민해야 한다. 책상 서랍을 어느 정도 정리했다면 이제는 책상 위다. 책상 위 정리는 공간정리에 하이라이트이다. 웬만큼 끈기를 가지고 정리하지 않으면 바로 원상태로 돌아가기 쉽다. 딱 21일간만 하루에 3분의 시간을 내어 꾸준히 책상을 정리해 보자. 꼭 있어야 하는 것 외에는 책상 위에 두지 않는다. 21일 동안 잘 지키면 당신은 큰 산 하나를 넘은 것이다.

　이처럼 시간관리에 앞서 공간을 말끔하게 정리하는 공간관리가 선행되거나 병행되어야 한다. 공간이 우리의 생각에 영향을 주기에 머릿속이 복잡하거나 잡다한 생각으로 가득 차 있는 경우에는 시간관리를 제대로 할 수가 없다. 머릿속에 잡다한 생각을 하는 것은 머리 위에 그 짐들을 얹고 살아가는 것과 다름없다. 시간관리의 핵심은 심플함이다. 나에게 있는 복잡다단했던 것들의 불필요한 부분을 쳐내고 본질적인 것에 다가가는 것이다. 그러기 위해 우리는 첫 단추로 미니멀리즘을 택해야 한다. 공간적으로 많은 것을 덜어내고 간소화하여 시간관리의 출발 전에 몸을 가볍게 만드는 작업이 필요하다. 이 공간관리 작업은 시간관리만큼이나 중점을 두어야 한다. 깔끔한 방과 책상이 우리의 미래를 밝혀줄 것이다. 환경이 인간을 만든다.

당신의 시간 통제권은 누구에게 있는가?

"이 시대 가장 위대한 발견은

인간이 자신의 태도를 바꿈으로써

자신의 인생을 바꿀 수 있다는 점이다."

미국 심리학의 아버지라고 불리는 윌리엄 제임스의 말이다. 철학자이자 심리학자인 윌리엄 제임스는 실용주의 철학의 확립자로 알려져 있고, 하버드대학교 교수로 있을 때 하버드 심리학 연구소를 설립했다. 그는 세계 2차 대전 당시 독일의 나치 수용소에서 죽음의 공포와 가혹한 학대를 경험하면서도 희망의 끈을 놓지 않았던 사람들의 기록을 연구하면서 태도의 중요성을 알게 되었다.

필자도 학생을 가르치면서 정말 중요한 것이 태도라는 것을 깨달았다. 태도가 모든 것을 결정한다고 해도 과언이 아니다. 당신은 어떤 태도로 세상을 살아가는가? 세상을 살아가는 태도에는 크게 능동적인 태도와 수동적인 태도가 있다. 이 두 가지 태도를 결정하는 것은 바로 통제권이다. 통제권이 당신에게 있다면 당신은 능동적인 삶을 사는 것이고, 통제권이 다른 사람에게 있다면 당신은 수동적인 삶을 사는 것이다. '통제권이 누구에게 있는가?'의 개념은 아주 중요하다. 통제권에 관심 없다면 당신은 영원히 수동적인 삶을 살 수밖에 없다.

고백하건대 필자의 경우도 원래는 통제권이라는 것에 별 관심이 없었다. 그냥 모든 사람과 두루뭉술하게 지내는 게 좋아서 싫어도 싫은 내색 안 하고 주변 사람들의 기분을 맞추며 살았다. 남들에게 피해 주는 것이 싫어서 내가 하고 싶은 것을 마음껏 이야기하지 못했고, 타인이 하자고 하면 내가 하고 싶은 것이 있어도 참고 그냥 따랐다. 남들의 부탁도 잘 거절하지 못해 내 일을 뒤로하고 남의 일을 먼저 해주었다. 몇 번이고 내 일부터 먼저한 후 다른 사람을 돕자고 생각했지만 말처럼 쉽지 않았다. 그렇게 통제권을 다른 사람에 쉽게 내어주고 살다가 어느 날 크나큰 고난과 역경이 찾아왔다. 내 삶이 내가 원하는 대로 가고 있었던 것이 아니라 다른 사람이 원하는 곳에 내가 있었다. 정말 놀랐다. 누군가에게 통제권을 준다는 것, 그건 정말 바보 같은 일이라는 걸 깨달았다.

그래서 나의 시간을 찾고, 그 시간은 나를 위해 쓰려고 노력
했다. 통제권의 관점에서 주변의 일들을 바라보기 시작했다.
부딪치기 싫어도 통제권을 위해서라면 이제 싸울 용기가 있다.
내 시간은 엄연히 나의 시간이다. 내 시간의 통제권을 누구에
게 주는 순간 바로 주인에서 노예로 전락함을 알았다. 통제권
을 가짐과 동시에 책임을 지면 된다. 통제권에 신경 쓰지 않을
때는 책임에도 별 신경을 쓰지 않았다. 하지만 통제권과 책임
은 한 몸이다. 이제 책임질 용기가 생겼기에 통제권이 부담스
럽지 않다. 내 시간을 능동적으로 나의 성장과 발전을 위해 쓰
고자 한다.

당신의 시간 통제권은 누구에게 있는가? 잘 생각해보자. 지
금 당신에게 없다면 되도록 빨리 가져와야 한다. 시간이 지체
되면 될수록 가져오기가 더욱 힘들어질 수 있다. 통제권이 없
는 수동적인 삶으로 굳어 버리기 전에 빨리 당신의 손에, 당신
의 의식에 통제권을 가져오는 것이 중요하다.

그리고 또 다른 하나의 요소가 있다. 그것은 질문이다. 당신
은 질문을 많이 하는 편인가, 대답을 많이 하는 편인가? 질문
을 많이 한다면 능동적인 삶을 살고 있을 가능성이 크고, 대답
을 많이 한다면 수동적인 삶을 살고 있을 가능성이 크다. 질문
에는 어마어마한 힘이 있다. 질문 하나로 인생이 송두리째 바
뀔 수 있다. '나는 왜 존재해야 하는가? 나는 무엇을 이루고자

여기에 있는가? 나의 미션은 무엇인가? 내가 나누어 줄 수 있는 것은 무엇인가?' 등등 깊이 있는 질문을 가슴에 품어두자. 해답을 빨리 찾지 않아도 된다. 답이 없는 질문도 괜찮다. 질문을 가슴에 담고 있는 것 자체가 중요하다. 질문을 가슴에 안고 사는 사람과 그렇지 않은 사람은 천양지차다.

능동적인 삶은 통제권과 질문이 있는 삶이다. 누가 당신에게 질문하거나 통제권을 가져다주지 않는다. 스스로가 쟁취해야 한다. 시간의 통제권을 갖는 순간, 당신은 진정한 자유의 문을 열고 그 속으로 마침내 첫발을 내디딘 것과 같다.

실행

미루기

047

G

Goal

목표

08 일단, 쓰자!

'시간관리를 잘한다'라는 것은 결국 '할 일을 잘 처리하는 것'이라고 볼 수 있다. 할 일을 잘 처리하기 위해서는 우선 할 일의 목록이 잘 정리되어 있어야 한다. 그렇지 않으면 머릿속이 복잡하고 무엇부터 해야 할지 몰라서 떠오르는 일부터 급급히 처리하게 된다. 머릿속에 오늘 할 일들이 정리정돈 되어 필요한 순간에 할 일을 착착 알려주면 좋겠지만 사실 쉽지 않은 일이다. 우리 머릿속에 워킹 메모리의 용량이 그리 크지 않기 때문이다.

그렇기에 해야 할 일들을 플래너나 스케줄러에 정리하고 기록해 두어야 한다. 어떤 일을 잊지 않고 계획적으로 처리하기 위해 플래너를 쓰지만 그보다 더 중요한 플래너의 효과가 있다. 이는 플래너에 기록하면 신기하게도 주변 환경이 그 일을

해낼 수 있도록 도와주며, 의외로 일이 잘 풀리는 것을 경험하
게 된다는 것이다. 플래너를 쓸 때와 그렇지 않을 때의 차이는
정말 크다.

왜 그럴까? 그것은 '생각과 물질의 관계'에서 실마리를 찾아
볼 수 있다. 컴퓨터, 노트북, 책상, 연필, 플래너 등등 이 세상
에 존재하는 모든 사물은 모두 어떤 사람의 생각에서 비롯되
었다. 생각이 그 사물보다 한발 앞서서 먼저 생겨났다. 바로 생
각이 물질로 바뀐 것이다. 그럼, 생각을 물질화하는 첫 번째 단
계는 무엇일까? 이는 기록하는 것이다. 머릿속에 떠다니는 생
각을 종이 위에 기록하는 것, 이것이 바로 물질화의 첫 번째 단
계이며 모든 일의 시작이다.

기록에 관한 실제 이야기를 예로 들어보자. 미국 영화배우
중에 짐 캐리라는 배우가 있다. 젊은 시절 짐 캐리는 유명한 영
화배우가 되겠다는 큰 꿈을 안고 미국으로 건너갔지만, 이름
이 알려지기 전 무명시절은 배고프고 힘들기만 했다. 그러던
어느 날, 그는 '더는 이렇게 살고 싶지 않다'라고 생각했다. 그
래서 무작정 할리우드의 가장 높은 언덕에 올라가 수표책을
꺼내 들고 '출연료 1,000만 달러(한화 약 121억 원)'라고 썼다.
그리고 지급일자는 5년 후인 1995년 추수감사절이라고 적었
다. 그러고는 미래의 자신에게 지불한 가짜수표를 지갑에 넣
고 5년 동안 가슴속에 소중히 품고 다녔다. 짐 캐리는 틈날 때

마다 1,000만 달러가 쓰인 수표를 보고 기뻐하며 행복감에 젖었다. 그 이후에 놀라운 일이 벌어졌다. 그는 정확히 5년 후에 '덤 앤 더머'와 '배트맨'의 출연료로 수표에 적었던 금액보다 훨씬 많은 1,700만 달러(약 206억 원)를 받았다. 자신이 5년 전에 기록했던 수표가 정말로 이루어진 것이다. 그 이후로 더욱 더 명성이 높아졌고, 영화 한 편에 2,000만 달러(약 242억 원)를 받는 세계적으로 유명한 배우가 되었다. 아버지가 돌아가셨을 때 짐 캐리는 그동안 품고 있던 1,000만 달러 수표를 아버지 가슴속에 넣어두고 뜨거운 눈물을 하염없이 흘렸다.

1989년 4월부터 연재되기 시작한 스콧 애덤스의 '딜버트'라는 풍자만화가 있다. 주인공 딜버트는 천재이지만, 회사에서는 바보 취급을 받고 심지어 성격까지 소심하다. 똑똑하고 착한 그의 성격은 각박한 세상 속을 헤쳐 나가는데 오히려 방해가 된다. 그야말로 현실은 시궁창이다. 이 작품은 이기적으로 보일 정도로 자기 몫은 자기가 알아서 잘 챙겨야 살아남을 수 있는 험난한 현실을 약간의 과장을 보태어 여과 없이 보여주고 있다. '가장 무능한 직원이 회사에 가장 작은 타격을 주고 결국 가장 먼저 승진한다'라는 딜버트의 법칙으로도 유명하다. 스콧 애덤스는 한때 낮은 임금을 받는 공장의 말단 직원이었다. 그는 자신의 사무실 책상에서 하루에도 몇 번씩 낙서를 했다. 그가 끊임없이 썼던 글귀는 '나는 신문에 만화를 연재하는 유명한 만화가가 될 것이다'였다. 그때까지 그의 만화는 수많은 신문사로부터 계속 거절당하고 있었지만 포기하지 않았다. 수백 번의 시도 끝에 한 신문사와 계약을 맺었다. 자신의 첫 번째 꿈을 이룬 것이다. 그리고 바로 '나는 세계 최고의 만화가가 되겠다'라고 하루에 15번씩 틈날 때마다 적었다. 현재 딜버트 만화는 세계적으로 2천 종의 신문에 연재되고 있다. 웹사이트 '딜버트 존'의 하루 평균 방문자 수는 10만 명에 달한다.

짐 캐리와 스콧 애덤스의 이야기는 기록의 힘을 보여주는 좋은 일화다. 성공을 꿈꾸거나 이루고 싶은 사람은 먼저 자신의 목표 그리고 할 일들을 명확하게 적어야 한다. 목표와 할 일을 적지 않으면 가야 할 길을 잃어버리고 거대한 시간의 흐름 속에서 부표처럼 떠다니다 흐지부지 사라지게 된다. 이 거대한 시간의 흐름 속에서 목표를 이루고 살아남기 위해 우리는 적어야 한다.

적자생존 : 적는 자만이 살아남는다.

기록한다는 것은 큰 힘을 가지고 있다. 기록은 눈에 보이지 않는 생각을 물질화하는 행동이다. 생각만으로는 어떤 결과도 일어나지 않는다. 기록은 생각을 세상에 심는 것과 같다. 심어진 생각(씨앗)이 자라서 결과(열매)를 맺게 되는 것이다. 그러기 위해서는 심어야 한다(기록).

> **쓰이마(쓰면 이루어지는 마법)의 Tip**
>
> —— 기록할 때는 되도록 아날로그의 방식을 사용하는 것이 좋다. 물론 우리는 디지털 시대에 살고 있지만, 디지털로 기록하는 것은 실제 종이에 기록하는 아날로그 방식과는 조금 차이가 있다.
> 아날로그 방식은 종이 위에 연필의 흑연이 새겨진다든지 볼펜이나 잉크가 종이 위를 물들이는 방식이다. 이 과정은 실질적인 물질화 과정이다.
> 반면 디지털은 하드웨어에 전기로 저장된 전기신호가 모니터에 보일 때 RGB의 빛으로 보여주는 방식이다.
>
> —— 스케치북 위에 그려진 빨간 사과 그림과 모니터의 빨간 사과 그림은 눈에 보이는 것은 비슷하지만 정말 다르다. 스케치북 위에 크레용으로 그려진 사과 그림은 실제로 존재하는 것이고, 모니터에 보이는 것은 전기신호일 뿐이다.
> 스케치북의 사과 그림은 오감으로 그 존재를 어렴풋하게나마 감지할 수 있다. 크레용의 밀랍 냄새를 맡을 수도 있고, 크레용이 지나간 자국을 느낄 수도 있다. 심지어 맛을 볼 수도 있다. 그러나 모니터에 있는 사과 그림은 그렇지 못하다. 실제와 가상공간의 차이와 비슷하다.
> 기록이 물질로 구체화 되는 측면에서 디지털의 편리함보다 아날로그의 현실화를 추천한다.

기록하면 두뇌 속에 어떤 일이 일어날까? 기록하는 순간 당신의 두뇌 속에는 '목표 추적 메커니즘'이 동작한다. 잠수함에서 발사된 어뢰처럼 목표를 향해 나가게 되는 것이다. 어뢰는 깊은 바닷속에서 물의 흐름이 방해를 해도 아랑곳하지 않고 어뢰 속에 심어진 목표물을 향해 나아간다. 어뢰처럼 당신의 두뇌는 기록된 목표를 향해 나아가고 행동하며 목표와 관련된 일들을 찾아서 민감하게 반응한다. 목표에 오롯이 집중하면 주변에 모든 일이 목표를 이룰 수 있도록 도와준다. 이처럼 기록한다는 것은 뇌에 특별한 레이더를 설치하는 것이다. 기록을 통해 설치된 레이더는 당신에게 필요한 정보와 해결책을 제공해 준다. 그로 인해 더 손쉽게 원하는 것을 얻을 수 있다.

나를 찾아 떠나는 여행 '하·되·먹·갖'

K는 자동차로 유럽 여행을 하고 싶어 계획을 세웠다. 체코 프라하에서 프랑스 파리까지 가면서 중간에 독일과 스위스를 경유할 예정이다. 드디어 출발이다. 들뜬 마음으로 인천공항으로 가는 직행버스에 올라탔다. 공항에 도착하여 출국심사를 마치고 비행기에 탑승했다. 비행기는 인천공항을 출발해서 11시간 10분 후에 프라하 바츨라프 하벨 국제공항에 도착했다. K는 바로 자동차를 렌트하러 갔는데 성수기라 차가 딱 한 대밖에 남아있지 않았다. 일정이 빡빡하고 프랑스 파리로 빨리 출발하고 싶은 마음에 설명도 제대로 듣지 않고 한 대 남은 차를 빌려 짐을 싣고 출발했다. 시속 100km로 30분 정도 달리고 있는데 차 앞쪽 보닛에서 연기가 났다. 차를 안전한 곳에 세우고 빌릴 때 준 서류를 보니 주의사항에 '시속 80km를 넘

지 마시오!'라고 적혀있었다. 렌터카 사무실에 전화하니 서비스 차량이 지금 다른 곳에 출장을 가서 한참 기다려야 한단다. 서비스 차량이 도착할 때까지 K는 차 안에서 오랜 시간을 기다려야 했다. 결국 일정이 모두 틀어지고 말았다.

K가 렌트한 차를 꼼꼼하게 살펴보고 갔더라면 자신의 계획대로 여행을 안전하게 잘 마쳤을 것이다. 어떤 목표든 그것을 이루기 위해 제일 먼저 할 일은 바로 자신을 정확하게 아는 것이다. 나 자신을 정확하게 알 때 자신이 가고 싶은 길과 가야 할 길이 보이기 시작한다. 그렇지 않으면 원하는 목적지에 도착할 수 없다. 자신을 알아가는 것은 목표를 설정하고 이루는데 있어서 무엇보다도 중요하다.

그렇다면 우리는 나 자신을 얼마나 알고 있을까? 필자가 전국을 다니며 학교에서 강연할 때 학생들에게 항상 하는 질문이 있었다. '자신에 대해 얼마나 알고 있나요?' 이 질문에 초등학생들은 평균적으로 80~90% 정도, 중학생들은 70~80% 정도, 고등학생들은 50~60% 정도 안다고 대답한다. 교사 연수에서 선생님들에게 물어보면 그보다 낮다. 어느 학교 교감선생님은 30%라고 답한 적이 있다. 시간이 지날수록, 나이를 먹을수록 더 자신을 많이 알 것 같지만 아이러니하게도 실상은 그렇지 않다. 시간이 지날수록 내 안에 무엇이 있는지, 나는 누구인지에 관한 질문은 더 깊어지기만 한다.

이 질문에 명확하게 답할 수는 없지만, 그래도 어렴풋한 윤곽을 잡을 방법이 있다. 영화 '벤허'의 명장면 중 하나는 전차 경주 장면이다. 주인공 벤허는 네 마리의 말이 힘차게 이끄는 전차를 타고 상대방과 치열한 싸움을 벌인다. 여기에서 말과 주인공의 관계는 우리의 본능과 자신과의 관계와 비슷하다. 네 마리의 말이 주인공을 이끌 듯이 우리의 본능이 나 자신을 이끈다. 본능이 없다면 우리는 멈춰있는 전차를 타고 있는 것과 같다.

요즘 학교에 가면 학생들이 무기력하다. "뭐가 되고 싶니? 꿈이 뭐니?"라고 물으면 "하고 싶은 것도 없고, 되고 싶은 것도 없어요"라고 대답한다. 부천에 있는 어느 고등학교에서 강의할 때의 일이다. 1교시가 끝나고 쉬는 시간에 1학년 학생이 조용히 다가와 말을 걸었다.

"선생님, 저는 아무것도 하고 싶은 것이 없어요. 그냥 이대로 아무것도 안 하고 살면 안 되나요? 저는 그냥 가만히 있고만 싶은데… 어떻게 해야 하나요?"

이 학생에게는 자신을 이끌 본능(욕망)의 말이 없었다. 멈춰버린 전차에서 그냥 넋을 놓고 서 있는 것이다. 사라져버린 자신의 말을 누군가 데려올 때까지 마냥 기다리고 있다. 애석하게도 누군가 자신을 이끌어주기를 한없이 기다린다. 필자의 젊은 시절을 되돌아보았다. 누군가 나타나서 "너는 이것을 하면 잘 될 거야. 이렇게 하는 것이 좋을 것 같다"라고 말해주기를 기다리고 있었던 것 같다. 오지 않는 버스를 기다리는 것처럼 많은 시간을 허비한 셈이다. 나 스스로가 내 안에서 무엇인가를 찾기 위해 노력하기보다는 어떤 이가 나를 이끌어주기를 바랐다.

우리는 자신의 진정한 말을 찾기 위해 노력해야 한다. 나를 힘차게 이끌 건강하고 적토마 같은 '본능의 말'을 찾아야 한다 (p.208~215 부록 참고). 이것이 우선시 되어야 앞으로 나아갈 수 있다. 그 말이 힘이 넘칠수록, 욕망이 클수록 우리는 더 빨리 그리고 더 크게 성장할 수 있다. 나 자신을 알아가는 것이 바로 자신의 말을 찾는 방법이다. 타인의 말을 자신의 말로 착각하지 않기 바란다. 부모님의 말이 자신의 말인 양 살아가는 사람이 많다. 나와 가까운 사람의 말을 자신의 말로 오해하는 경우가 많다. 그것은 그들을 이끌고 가는 그들의 말이다. 나를 이끌어주지 않는다. 따라서 오로지 자신의 말만을 생각해야 한다.

나의 말을 찾는 방법 – 하·되·먹·갖

벤허처럼 우리에게도 네 마리의 말이 있다고 가정하자. 이 말들의 이름은 '하·되·먹·갖'이다.

첫 번째 '하'는 하고 싶은 것이다. 당신의 통장에 300억 원이 있다고 생각하고 당신이 하고 싶은 25개의 일을 적어본다. (마카오 타워 번지점프, 스카이다이빙, 뮤지컬 관람하기, BTS 콘서트 가기, 유럽 자동차 여행 등등)

Do25

	하	나는		하고 싶다.

NO	Description
1	마카오 타워 번지점프
2	고급 호텔에서 호캉스 즐기기
3	뮤지컬 관람하기
4	BTS 콘서트 가기
5	유럽 자동차 여행
6	장학재단에 10억 기부하기
7	한강에서 친구와 치맥 먹기
8	루브르 박물관 1주일간 관람하기
9	스카이다이빙
10	친구랑 심야 영화 보기

Wish25

NO	Description
11	나무가 보이는 발코니에서 따뜻한 차 마시기
12	좋은 사람 만나 연애하기
13	좋은 카메라 사서 풍경사진 찍으며 여행하기
14	후회없이 청춘을 즐기기
15	여행을 자주 다니며 세상 연구 해보기
16	신나는 노래 틀어놓고 혼자 춤추기
17	평범한 사람도 크게 쓸 수 있다 보여주기
18	혼자 카누 타며 노래 듣기 & 풍경 감상하기
19	영어공부하기
20	원대인 친구 사귀기
21	모든 일에 당당하기
22	미친듯이 일 해보기
23	1년 안에 승진하기
24	1주일간 혼자만의 시간 갖기
25	좋은 안예 받기

두 번째 '되'는 되고 싶은 것이다. 여기에서는 이루고 싶은 것 아무거나 25개를 적으면 된다. (파일럿이 되고 싶다, 30억 부자가 되고 싶다, 매력 있는 사람이 되고 싶다, 팔로우가 10만 명인 사람이 되고 싶다, 친절한 사람이 되고 싶다 등등)

세 번째 '먹'은 먹고 싶은 것이다. 세상에 있는 모든 먹는 것을 생각하며 신나게 적어본다. 이것도 25개 정도 적으면 된다. (랍스타, 티본 스테이크, 최고의 장인 오노 지로가 만든 스시, 스위스 퐁듀, 프랑스 키슈 등등)

네 번째 '갖'은 갖고 싶은 것이다. 나는 300억 원의 부자라고 생각하고 갖고 싶은 모든 것을 다 적어본다. (집, 차, 예쁜 정원, 나만의 가게, 내 영혼을 울리는 책이 있는 멋진 책장 등등)

자신의 말을 찾아가는 과정이니 막히면 천천히 해도 좋다. 무엇보다도 찾는 것이 중요하다. 모든 사람이 공통으로 원하는 것도 좋지만 자신만의 색을 찾아가는 것이 더 좋다. 독특한 것을 찾을수록 당신의 색깔은 더 분명해질 것이다.

각각의 말을 25개씩 다 찾았으면, 이제 그중에 이번 생에 꼭 이루고 싶은 것을 각각 세 가지만 고르자. 나의 욕망이 불타오르는 힘이 넘치는 말을 찾는 단계. '하'를 예로 들면 다음 그림과 같다. 이런 식으로 '되·먹·갖'도 찾는다. 자신이 정말 하고 싶은 것이 무엇인지를 자신의 내면 깊숙한 곳에 묻고 세 가지를 엄선해서 고른다.

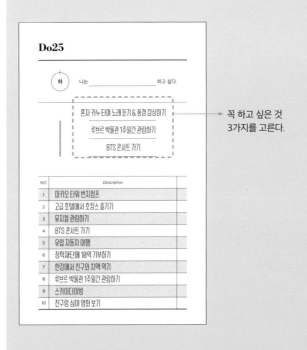

다음 단계로 이 세 가지 중 꼭 이루고 싶은 단 한 가지만을 선택한다. 이번 생에 정말, 기필코, 반드시, 꼭 이루고 싶은 한 가지이다.

Do25

| 하 | 나는 루브르 박물관 1주일간 관람 하고 싶다. |

→ 3가지 중 정말 하고 싶은 것
딱 한 가지를 고른다.

이제 마지막 단계. '하·되·먹·갖'의 1위를 모두 마지막 장에 적는다.

DoBeEatGet

나는

하	루브르 박물관 1주일간 관람	하고 싶고
되	친절한 부자가	되고 싶고
먹	스위스 퐁듀를	먹고 싶고
갖	나의 집을	갖고 싶은

사람이다!

당신의 네 마리 욕망의 말을 찾았다. 어렴풋하게 당신이 어떤 사람인지에
대해 욕망의 말을 통해 알아보았다. 이 욕망의 말들이 마음껏 달려 당신이
원하는 곳으로 잘 이끌어 갈 수 있도록 길들이자. 늘 마음속에 품은 채 가능
하다고, 할 수 있다고 생각한다.

063

가치관이 선택을 바꾼다

우리는 끝없는 선택 속에서 살아간다. 아침에 알람이 울리면 '바로 일어날까? 조금만 더 잘까?'부터 시작해서 '오늘은 무슨 옷을 입지? 아침은 뭐를 먹지? 출근길에 무슨 음악을 들을까? 회사에 도착하면 무슨 일부터 할까? 점심은 뭐 먹지? 퇴근하고 뭐할까? 헬스장에 갈까 말까?' 등 인생은 선택의 연속이라고 해도 과언이 아니다. 이럴 때마다 우리의 선택을 도와주는 것이 있다. 바로 가치관이다. 가치관이 마음에서부터 나와 빠르게 선택을 마치고 사라진다. 너무 빨라서 우리는 가치관이 선택하고 사라졌는지 잘 인지하지 못한다. 점심 메뉴와 같은 소소한 결정은 인생에서 별 영향이 없지만, 대학의 전공을 선택하거나 직장을 선택할 때, 결혼할 사람을 선택할 때의 결정은 삶에 커다란 영향을 준다.

쉽게 설명하면 가치관은 마음속에 있는 '판단의 자'이다. 우리는 이 판단의 자로 세상의 모든 것을 판단하고 결정한다. 예를 들어, 결혼할 때가 되면 결혼 상대자를 선택해야 한다. 당신에게 두 남자가 고백해온다. 대학 선배인 A는 재미는 조금 없지만 성실하며 노력파다. 동호회에서 만난 B는 성실하지 않지만 재미있고 매력적이다. 당신은 누구를 선택하겠는가? 당신의 가치관에 따라 선택이 달라진다. 살면서 재미와 즐거움보다는 '성실과 노력'이 더 가치 있다고 생각한다면 A를 선택할 것이고, 성실과 노력도 중요하지만 '즐거움과 재미'가 없다면 삶이 너무 지루할 것 같다고 생각한다면 B를 선택할 것이다. 이 외에도 수많은 결정을 가치관이 내린다.

이렇게 매 순간 나의 삶을 결정짓는 중요한 가치관에 대해 우리는 정작 얼마나 알고 있는 걸까? 우리 내면 깊숙이 자리 잡고 있는 이 가치관을 꺼내 '나는 무엇이 중요하다고 생각하며 살아왔는지, 내 삶의 방향키는 무엇인지'에 대해 알아보자.

[1단계] 브레인스토밍 : 내가 소중하다고 생각하는 것을 일단 적는다

내가 살면서 중요하다고 생각하는 단어를 모두 적는다. 그것은 눈에 보이는 것일 수도 있고, 보이지 않는 것일 수도 있다(행복, 가족, 친구, 노력, 시간, 환경 등등). 필자가 강의했던 어떤

학교의 학생은 '순대'라고 적었다. 특별히 순대를 좋아하는 줄 알았는데, 알고 보니 학생이 키우던 강아지 이름이었다. 이처럼 무엇이든 적어도 좋다. 내가 무엇을 중요하게 생각하며 살아왔는지를 곰곰이 생각하며 떠오르는 것을 모두 적어본다. 많이 적을수록 나의 가치관을 더 확실하게 알 수 있다.

내가 중요(소중)하다고 생각했던 것은?

[2단계] 쏠팅 : 비슷한 것끼리 분류한다

큰 상자 세 개가 있다. 공통점이 있는 것들은 같은 상자에 담는다. 공통점이 없다면 세 개의 상자 외에 별도의 상자(기타)에 넣는다.

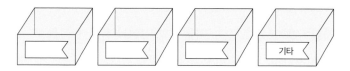

[3단계] 네이밍 : 핵심 가치에 이름을 붙인다

하나의 상자에 들어있는 비슷한 단어들에서 공통으로 가지고 있는 특징을 뽑아낸다. 가족과 친구는 사람이라는 공통점이 있으므로 '사람'이라고 적는다.

예시

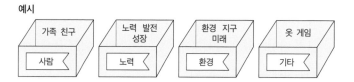

[4단계] Who am I : 나를 표현해본다

세 가지 대표 단어들을 사용해 자신을 표현해 본다. 반드시 세 가지 단어를 조합해 문장을 만들어야 한다.

'나는 _____ 사람이다.'

예를 들면, '나는 사람과 환경을 소중히 생각하고 노력하는 사람이다' 또는 '나는 노력을 통해 환경과 사람이 바뀔 수 있다고 생각하는 사람이다' 등으로 만들 수 있다. 누군가가 "당신은 어떤 사람인가요?"라고 묻는다면, 당신은 "나는 이와 같은 사람입니다"라고 대답할 수 있다.

가치관은 시간관리뿐만 아니라 인생 전반에 걸쳐 중대한 역할을 한다. 우리가 무심코 하는 결정 모두가 이런 가치관에 의해서 결정된다. 그렇기에 자신 내면에 어떤 가치관이 존재하는지를 아는 과정은 그래서 중요하다. 자신을 바로 알고 이해하는 과정은 인생의 목표를 세우기 전에 선행되어야 한다. 나는 '무엇을 좋아하고, 무엇을 소중하게 생각하는지'를 알게 되면 삶의 우선순위가 정해지고, 그로 인해 인생에서 불필요한 결정과 선택을 줄일 수 있다.

11 과정을 즐기게 되는 '인생쿠폰' 사용법

어린 시절 도화지에 사람을 그릴 때 처음에 머리를 너무 크게 그려서 다리를 그릴 공간이 없어져 다시 그리거나 사람을 너무 작게 그려서 여백이 많이 남는 경우를 경험했을 것이다. 그림을 그릴 때 먼저 스케치를 하고 그리는 사람과 스케치 없이 즉흥적으로 그리는 사람 중 누구의 그림이 더 잘 그렸을까? 물론 연습을 많이 한 전문가 정도가 되면 큰 차이가 없겠지만, 보통 사람이라면 스케치를 먼저하고 그림을 그린 사람이다. 전체적인 비율과 조화를 위해서 어렴풋이나마 스케치한 후 그리는 것이 더 조화롭고 완성도가 높을 것이다.

이는 건축에서도 마찬가지다. 당신이 사놓은 땅에 아름다운 집을 짓고 싶어 건축설계 사무소를 찾아갔다. A라는 곳은 설계도면 없이 그때그때 수정해 가면서 집을 짓기에 예상금액보다 건축비는 싸지만 언제 집이 완성될지는 모른다. B라는 곳은 예상했던 것보다 건축비가 조금 더 들지만 준비가 확실하다. 설계도면부터 내부 인테리어 사진까지 눈으로 보여준다. 심지어 3D 화면으로 집 안 구석구석 배치를 샘플로 보여주며 원하는 대로 설계를 해주겠다고 했다. 당신은 어느 곳을 선택하겠는가? 설계도 없이 내 마음에 쏙 드는 집을 지을 수는 없다. 원하는 집이 있다면 거기에 맞는 설계도가 필요하다.

인생도 마찬가지다. 원하는 것을 이루기 위해서는 건축 설계도와 같이 눈에 보이는 인생 계획표가 있어야 한다. 그러나 우리 주변에는 특별한 인생 목표와 계획 없이 살아가는 사람들이 너무나 많다. 물론 그들에게도 30대쯤 결혼하고, 40대에 집을 사고, 언어도 하나 마스터하고, 때가 되면 사업도 해보고 등등의 어렴풋한 꿈이 있다. 자신의 삶을 위안하는 목표와 이야기로 머릿속에서만 맴돌 뿐이다. 계획을 짜고 열심히 실행하지만 뜻대로 되지 않으면 쉽게 좌절하고 결국 그냥 주어진 대로 산다. 인간에게만 주어진 특권인 계획을 포기하는 것이다.

양궁을 배울 때 처음부터 10점을 맞출 수는 없다. 많은 화살이 빗나가고 그것들이 경험으로 쌓여서 5점을 맞추고, 8점을 맞추고, 10점을 맞추게 된다. 처음에 쏜 화살이 빗나가듯이 처음 세운 계획이 빗나가는 것은 당연하다. 자괴감이나 좌절감을 느낄 필요는 없다. 스트레스를 받을 필요도 없다. 10개의 목표 중 하나만 성취해도 좋다. 다음 해에 2개를 성취하면 된다. 그렇게 꾸준히 하다 보면 어느새 자신의 목표를 70~80% 이룰 수 있다. 한 번도 안 넘어지고 자전거를 배울 수 있는가? 한 번도 물을 안 먹고 수영을 배울 수 있는가? 한 번도 헛스윙을 안 하고 골프를 배울 수 있는가? 모두 불가능하다.

즐거운 마음으로 목표를 세우고, 목표를 이루어 가는 과정을 즐기자. 산의 정상에 올라가서 보는 경치도 아름답지만 올라가면서 중간중간 보는 경치 또한 아름답다. 과정을 즐길 줄 아는 사람이 진정한 챔피언이다. 이제 즐길 준비가 되었다면 당신이 이루고 싶은 것들을 30 wish balloon에 적어본다 (p.207 부록 참고). 그리고 wish balloon을 이루고 싶은 나이에 착지시킨다(그림은 35세의 예다).

이제 인생쿠폰을 받아보자(p.216 부록 참고). 이 쿠폰은 하늘에서 당신에게 선물로 준 쿠폰이다. 당신에게 '이번 생이 처음이라 정말 고생이 많다'면서 쿠폰 세 장이 주어졌다. 이 쿠폰에 적으면 무엇이든지 이루어진단다. 한 시즌당 세 가지씩 골라 적어보자. 유효기간도 내 마음대로 정할 수 있다(유효기간은 내가 언제까지 이 목표를 이룰 것인지를 적으면 된다. 단, 시즌 1의 최대 유효기간은 25세, 시즌 2는 50세, 시즌 3은 70세이다). 각 시즌에 세 개 이상 적고 싶어도 우리 뇌의 집중력을 위해 일단 세 개만 적자. 우리 뇌는 한 번에 여러 가지를 생각하지 못한다.

30 Wish balloons

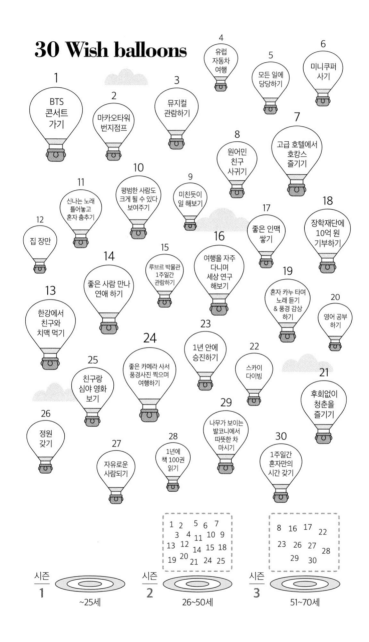

1 BTS 콘서트 가기

2 마카오타워 번지점프

3 뮤지컬 관람하기

4 유럽 자동차 여행

5 모든 일에 당당하기

6 미니쿠퍼 사기

7 고급 호텔에서 호캉스 즐기기

8 원어민 친구 사귀기

9 미친듯이 일 해보기

10 평범한 사람도 크게 될 수 있다 보여주기

11 신나는 노래 틀어놓고 혼자 춤추기

12 집 장만

13 한강에서 친구와 치맥 먹기

14 좋은 사람 만나 연애 하기

15 루브르 박물관 1주일간 관람하기

16 여행을 자주 다니며 세상 연구 해보기

17 좋은 인맥 쌓기

18 장학재단에 10억 원 기부하기

19 혼자 카누 타며 노래 듣기 & 풍경 감상 하기

20 영어 공부 하기

21 후회없이 청춘을 즐기기

22 스카이 다이빙

23 1년 안에 승진하기

24 좋은 카메라 사서 풍경사진 찍으며 여행하기

25 친구랑 심야 영화 보기

26 정원 갖기

27 자유로운 사람되기

28 1년에 책 100권 읽기

29 나무가 보이는 발코니에서 따뜻한 차 마시기

30 1주일간 혼자만의 시간 갖기

시즌 1
~25세

시즌 2
1 2 5 6 7
3 4 11 10 9
13 12 14 15 18
19 20 21 24 25
26~50세

시즌 3
8 16 17 22
23 26 27 28
29 30
51~70세

한 달 뒤에 목록을 바꾸고 싶으면 얼마든지 바꾸면 된다. 목록은 언제나 수정할 수 있다. 단 세 가지만 적을 수 있다. 앞의 30 wish balloon을 참고해서 적어보자.

쿠폰에 이루고 싶은 목록을 적었으면, 이제 이 쿠폰의 사용 가능한 마지막 날(내 인생 예측 마감날)을 적어보자. 평균수명에서 당신의 나이를 빼면 된다. 우리나라 통계청에서 가장 최근에 발표한 평균수명의 나이는 남자 79.7세, 여자 85.7세이다. 계산의 편리를 위해 반올림하여 남자는 80세, 여자는 86세로 잡고 자신의 생년월일에서 평균수명을 더하자.

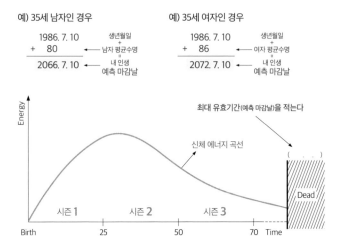

이 그래프는 일생의 신체 에너지 그래프이다. 참고로 우리의 신체 에너지는 35세 때가 피크라고 한다. 이제 최대 유효기간을 적고, 우리의 쿠폰을 이루기 위한 중간 계획을 세워보자. 예를 들어, 35세의 K가 다음과 같이 시즌 2 인생쿠폰을 적었다면

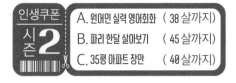

시즌 2의 중간 계획을 짜기 위해 먼저 상단에 A, B, C를 채운다.

A 원어민 실력 영어회화	B 파리 한달 살아보기	C 35평 아파트 장만
A-1 _____	B-1 _____	C-1 _____
A-2 _____	B-2 _____	C-2 _____
A-3 _____	B-3 _____	C-3 _____

그리고 그 목표를 이루기 위한 세부 목표를 적는다. 인생쿠폰 A, B, C의 목표를 이루기 위해 먼저 이루어야 하는 세부 목표를 적어보자.

A 원어민 실력 영어회화	B 파리 한달 살아보기	C 35평 아파트 장만
A-1 발음 기초 쌓기	B-1 프랑스어 초급 완성	C-1 5천만 원 모으기
A-2 회화 3백문장 암기	B-2 비용 마련하기	C-2 1억 원 모으기
A-3 캐나다 어학연수	B-3 파리 문화 공부	C-3 3억 원 모으기

세부 목표를 적었으면, 이 목표를 차근차근 이루게 해줄 5년 계획을 세운다. 우리나라가 경제성장을 위해 1962년부터 1981년까지 네 차례에 걸쳐 경제개발계획을 세울 때도 기간을 5개년으로 정했으며, 1982년부터는 경제사회발전 5개년 계획으로 이름을 바꿔 1996년까지 계획을 세웠다. 5년 단위로 한 이 계획으로 우리나라는 세계 역사에서 찾아볼 수 없는 초고속 경제 성장을 이루어냈다. 또한 스탠포드대학에서도 3~4학년들에게 기말고사 대신 5년 후의 자신의 모습을 그리

며 계획을 세우는 과제를 내준다고 한다. 콜럼버스는 5년 동안 바하마 제도, 쿠바, 에스파뇰라, 북미와 남미 대륙을 발견했으며, 미켈란젤로는 단 5년 만에 '시스티나 성당 벽화'를 그렸다. 아마존의 창업자 제프 베이조스는 30세 때 13평도 안 되는 아파트에서 살았지만 5년 후에 순수익이 100억 달러(11조 3,000억 원) 부자가 되었다. 미국의 한 연구 결과에 따르면 성공한 10%의 기업들과 성공하지 못한 90%의 기업은 단 5년 안에 결정지어진다고 한다.

이렇듯 우리도 5년 후 자신의 모습을 상상해보자. 어떤 모습으로 변해 있을지, 주변은 어떻게 변화될지 잠시 생각해본다. 그리고 이번 생에 이루고 싶은 인생쿠폰을 위해 어떤 작업을 해야 하는지를 구체적으로 적는다.

5 year

에피소드 1	에피소드 2	에피소드 3	에피소드 4	에피소드 5
2021 년	2022 년	2023 년	2024 년	2025 년
○ 영어 발음 공부 ○ 회화 학원 등록 ○ 2천만 원 모으기 ○ ○	○ 파이프라인 공부 ○ 원어민 친구 사귀기 ○ 5천만 원 모으기 ○ ○	○ 경제 회계 부동산 공부 ○ 미드 자막없이 보기 ○ 1억 모으기 ○ ○	○ 프랑스 어 공부 시작 ○ 미드 자막없이 보기 ○ 자산 2억으로 불리기 ○ ○	○ 캐나다 어학연수 준비 ○ 어학 연수 출발 ○ 프랑스 친구 사귀기 ○ 자산 3억으로 불리기 ○

마지막 단계로 이번 달부터 시작해 1년 동안 해야 할 일을 정하고 일정을 계획한다.

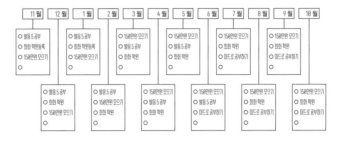

1 year

인생쿠폰에서부터 이번 달에 해야 할 일까지 잘 적어보았다. 인생 전반을 바라보는 좋은 시간이 될 거라고 생각한다. 각자가 속한 시즌의 인생쿠폰을 마음속에 잘 새겨두자. 마음속에 잘 새겨진 인생쿠폰이 후회 없는 삶으로 인도할 것이다.

목표에 생명을 불어넣는 방법

유정란과 무정란의 차이는 무엇일까? 가장 큰 차이는 바로 목적이다. 둘의 목적은 너무도 다르다. 하나는 생명이요, 하나는 인간의 식재료다. 당신의 목표는 어떠한가? 생명이 있는가 아니면 생명이 없는가? 당신의 목표가 알을 깨고 나와 세상에 태어나도록 하기 위해서는 목표에 생명을 불어넣는 법을 배워야 한다. 이를 위해서는 먼저 1~2개월 이내에 이루고 싶은 단기 목표를 정해야 한다. 3주도 괜찮다. 그러나 2개월을 넘겨서는 안 된다.

목표는 3단계로 설정한다(p.217 부록 참고). 1단계에서는 단기간에 이루고 싶은 목표 10개를 적는다. 단기 목표를 세울 때는 되도록 구체적이고 평가 가능한 수치를 적는 것이 좋다(예, 3주간 다이어트 → 3주 안에 5kg 감량 다이어트, 독서 하기 → 일주일에 책 1권씩 4주간 읽기 등). 2단계에서는 목표 10개 중에서 정말 이루고 싶은 것 세 가지만 골라 순위를 정한다. 3단계에서는 2단계서 고른 세 가지 중 가장 이루고 싶은 것 하나만 선택한다.

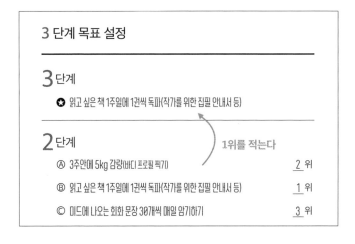

3 단계 목표 설정

3단계
- ✪ 읽고 싶은 책 1주일에 1권씩 독파(작가를 위한 집필 안내서 등)

2단계   1위를 적는다
- Ⓐ 3주안에 5kg 감량(바디 프로필 찍기)   2 위
- Ⓑ 읽고 싶은 책 1주일에 1권씩 독파(작가를 위한 집필 안내서 등)   1 위
- Ⓒ 미드에 나오는 회화 문장 30개씩 매일 암기하기   3 위

예를 들어, K가 2단계에서 앞의 예시와 같이 세 가지를 적었다. 여기서 우리는 중요한 궁금증이 하나 생긴다. '1위의 목표를 달성하는데 2위와 3위 목표가 도움이 되는가, 아니면 방해가 되는가?' 정답은 '도움이 되지 않고 오히려 방해를 하는 경우가 많다'이다. 이해하기 쉽게 Ⓐ는 운동목표 Ⓑ는 독서목표 Ⓒ는 공부목표라고 하자. 운동을 하고 맑은 기운에 독서를 하면 좋을 것 같지만 운동을 조금 과하게 하면 졸음이 쏟아질 수도 있다. 또 회화 문장 30개를 외우느라 독서를 못하게 될

수도 있다. 사실상 2, 3위의 목표는 1위의 목표를 이루는 데
도움을 주기보다 방해를 하는 경우가 많다. 그렇기에 2, 3위
의 목표는 1위의 목표를 이루기 전까지 완전히 잊어버리는
것이 좋다. 1위의 단기 목표를 이루고 나서 2위를 시작해도 늦
지 않다. 두 마리의 토끼를 잡으려고 욕심을 부리다 둘 다 놓
칠 수 있다.

어린 시절 운동회에서 콩주머니로 박을 터트려 본 경험이
있을 것이다. 이 박 터트리기 게임을 목표 달성에 적용해 볼 수
있다. 예를 들어, 당신이 10개의 박 안에 목표를 적어두었다.
박을 터트리기 위해(목표를 이루기 위해) 콩주머니를 던진다.
한 번에 많이 던져 박을 빨리 터트리고 싶지만 주어진 콩주머
니는 딱 24개다. 1번 박에 콩주머니 하나 던지고, 2번 박에 또
하나 던지고, 3번 박에 또 하나 던지고…, 이런 식으로 10개의
박에 콩주머니를 던진다면 박이 터지기 전에 당신은 지쳐버릴
것이다.

방식을 바꿔 10개의 박을 모두 목표로 하는 것이 아니라 단
하나의 박만을 목표로 정하여 그 박이 터질 때까지 콩주머니
를 던진다. 이렇게도 던져보고, 저렇게도 던져보고, 여기도 맞
혀보고, 저기도 맞혀보면서 꾸준히 콩주머니를 던진다. 아무
런 변화가 없는 박을 보고 있자면 포기하고 싶은 생각도 들지
만, 이루고 싶은 마음에 꾹 참고 콩주머니를 던지다 보면 '탁'

하고 박이 터진다. 순간 해냈다는 자신감이 온몸을 휘감는다. 이제 두 번째 박을 도전할 차례다. 처음 박을 터트렸을 때보다 정확도가 늘어나 집중해서 잘 맞힐 수 있다. 어느 부분을 공략하면 박이 잘 터지는지 약간의 요령도 생긴다. 그러다 보니 처음 박을 터트린 시간보다 더 빨리 박을 터트리게 된다. 세 번째 박도, 네 번째 박도 계속 터트린다. 이제 박이 언제 터질지까지 감이 온다.

의욕과 열정을 유지하기 위해서는 목표와 꿈이 많을수록 좋다고 생각하는 사람이 대부분이다. 그러나 실제로는 정반대의 결과가 나왔다. 목표가 많은 사람일수록 어떤 일을 꾸준히 하지 못하는 경향이 있다는 사실이 밝혀졌다. 미국 예일대학교의 에이미 브제스니에프스키 교수 연구팀이 육군사관학교 사관후보생 1만 명을 14년에 걸쳐 조사했다. 실험 참여자들의 육군사관학교 지원 동기를 31개 항목의 설문조사를 거쳐 정밀 분석했다. 내부동기가 강한 사람이 약한 사람보다 1.5배 장교로 출세할 확률이 높다는 사실이 밝혀졌다. 5년간 보직에 임무를 다한 사람도 두 배나 많았다. 예상한 결과였다. 그런데 내부동기가 강한 사람이라도 수단적 동기(목표 추진 동기)가 많으면 장교가 되는 확률이 20%나 내려갔다. 목표가 많으면 힘을 분산시키고 사람을 지치게 한다.

1957년 심리생물학자인 커트 리히터는 '수온이 지구력에 미치는 영향'을 12개의 비커에 한 마리씩 넣은 쥐를 대상으로 실험했다. 0에서부터 물의 온도를 조절하여 쥐가 얼마나 오랫동안 버틸 수 있는지를 측정했다. 대부분의 보통 쥐들은 평균 15분을 사는데, 3~4마리의 쥐는 보통 쥐의 생존 시간보다 무려 24배나 많은 60시간을 살아남았다. 이를 신기하게 여기고 다시 두 번째 실험을 했다. 비커가 아닌 그릇에 쥐를 빠트리고 잠시 후에 건져서 자유롭게 돌아다니게 했다. 그리고 다시 물에 빠트리고 또 꺼내기를 반복했다. 두 번째 실험은 쥐들에 탈출의 성공 경험을 준 것이다. 이후 첫 번째 실험과 같은 조건에서 비커에 넣었다. 두 번째 실험을 경험한 쥐들은 놀랍게도 평균 60시간 이상을 생존했다.

이 실험은 위기를 극복하고 이겨내는 경험을 하다 보면 추후 위기가 닥쳤을 때 극복하고 성공할 확률이 높아진다는 결과를 나타낸다. 무리하게 목표를 여러 개 세우기보다는 한 번에 하나씩 자신이 해낼 수 있는 만큼의 목표를 세우고 그것만 이루어내는 것이 좋다. 이런 작은 성공들이 쌓이다 보면 어느새 당신의 능력과 자신감은 강철로 변해 있을 것이다. 일단 한 가지 목표만 생각하자.

13 닮고 싶은 사람을 찾자

　우리는 무엇인가를 배울 때 어떤 방법으로 습득하는 걸까? 여러 방법이 있겠지만 가장 기초적인 방법이 모방이다. 갓난아이를 생각해보면 쉽다. 아이가 말을 배울 때 엄마의 입 모양을 보고, 엄마의 음성을 듣고 따라 한다. 엄마를 모방하는 것이다. 30cm의 시야를 가지고 있는 갓난아이에게 엄마가 혀를 내밀면 신기하게도 따라서 혀를 내민다. 하품도 비슷하다. 여럿이 있는 자리에서 하품을 하면 누군가가 그 모습을 보고 따라서 하품을 한다. 이 현상은 우리 뇌에 미러 세포가 있기 때문이다.

　미러 세포는 20세기 신경과학 분야의 주목해야 할 부분이며, 전운동 피질 아래쪽, 두정엽 아래쪽, 측두엽 위쪽에 위치한다. 이탈리아 파르마대학의 지아코모 리촐라티 박사팀이 뇌 연구

중에서 원숭이가 다른 원숭이의 행동을 보거나 따라 하는 행동에서 활성화되는 '거울 신경세포'가 있다는 것을 발견했다. 미러 신경세포는 타인의 행동을 보기만 해도 자신이 그 행동을 하는 것처럼 작동하는 세포를 말한다. 내가 바나나를 먹을 때와 누군가가 내 눈앞에서 바나나를 먹고 있는 모습을 볼 때 뇌의 반응하는 부위가 똑같다고 한다.

이러한 미러 세포는 당신이 자라오면서 가장 많이 본 사람을 모방하고 따라 하게 만들었다. 그 사람이 부모님이라면 당신은 부모님의 표정과 말투, 걸음걸이 등을 무의식중에 모방하고 따라 한다. 예를 들어, 부모님이 책을 좋아하면 아이도 책을 좋아하게 되고, 부모님이 TV를 자주 보면 아이도 TV를 자주 보게 되며, 부모님이 스마트폰에 빠져있으면 아이도 스마트폰에 빠지게 된다는 말이다. 엄마는 스마트폰을 보면서 아이에게는 책을 보라고 하는 것은 공허한 메아리일 뿐이다. 아이가 책을 보기 원한다면 부모가 먼저 책을 보아야 한다.

이 모든 것이 보는 대로 모방하려고 하는 뇌 속의 미러 세포 때문이다. 그래서 옛 속담에 '아이 보는 데서는 찬물도 못 마신다'라는 말이 있다. 아이들은 보는 대로 모방하므로 아이들이 볼 때 함부로 행동하거나 말을 해서는 안 되는 것을 비유적으로 표현한 속담이다. 또 "임신했을 때는 예쁜 것만 보고 좋은 것만 먹어라"라고 하시는 어른들의 말씀이 어찌 보면 미러 세포 측면에서 일리가 있는 말이다.

주변에 따라 하고 싶은 모범적인 사람이 있다면 당신은 행운아이다. 만약에 모범적인 사람이 주변에 없다면, 우리는 책을 통해 따라 하고 싶은 위대한 사람들을 만날 수 있다. 책을 통해 위대한 인물을 만나는 간접경험은 미러 세포의 측면에서 볼 때 큰 도움을 받을 수 있다. 이런 이유로 어린 시절에 위인전을 읽는 것은 매우 중요하다. 이순신, 정약용, 신사임당, 레오나르도 다 빈치, 잔 다르크, 마더 테레사 등의 위대한 인물들의 이야기를 자주 읽고 보게 되면 그들의 삶과 정신이 자신에게 스며든다. 이렇게 스며든 이야기들은 내면 깊숙한 곳에서 조금씩 단단해지고 영글어져서 자신만의 빛을 내는 보석으로 바뀌게 된다. 미러 세포가 그들의 삶을 본받아 점차 그들의 삶을 흡수하고 따라 할 수 있게 만들어 주는 것이다.

책을 통해 인생을 바꾼 사람은 무수히 많다. 그 예로 불우한 환경에서 흑인으로 태어났지만 세계의 영향력 있는 100인(2013년 포브스)으로 선정된 오프라 윈프리의 삶을 살펴보자. 오프라는 시골인 미시시피주에서 사생아로 태어났다. 태어났을 때 어머니에게 버려진 오프라는 할머니와 함께 살다가 할머니의 건강 악화로 어머니가 있는 밀워키로 보내졌다. 어린 딸을 책임지기 위해 청소부로 일하는 엄마가 잠시 집을 비운 사이 9세였던 오프라는 사촌오빠와 친척으로부터 학대를 당했다. 상처받은 마음을 견디지 못해 오프라는 점점 삐뚤어지는 삶을 살게 되었다. 결국 세 자녀를 홀로 키우던 엄마는 14세의 오프라를 친부가 사는 테네시주의 내슈빌로 보냈다. 그곳에서 오프라는 14세에 미혼모가 되고 조산으로 태어난 아이는 한 달을 버티지 못한 채 세상을 떠났다. 아버지는 상처받은 어린 딸이 새로운 삶을 살 수 있도록 딸의 교육에 매진했다. 다시 고등학교로 돌아간 오프라는 16세 때 한 권의 책을 통해 결정적인 터닝포인트를 맞게 되었다. 그 책은 바로 『새장에 갇힌 새가 왜 노래하는지 나는 아네』이다. 이 책은 인종차별, 가난, 학대를 극복해 저널리스트와 작가로 성공한 마야 안젤루의 자서전이다. 이때부터 오프라는 안젤루를 닮고 싶었고, 다른 사람에게 용기와 자신감을 불어넣어 줄 수 있는 사람이 되려고 노력했다. 그 후 방송국에 입사해서 백인 남성 진행자뿐이었던 방송계에서 당당히 존재감을 드러내기 시작했고, 1986년 드디어 본인의 이름을 건 '오프라 윈프리 쇼'를 진행하게 되었다. 이 프로그램은 20년 넘게 토크쇼 시청률 1위라는 역사적인 프로그램이 되었으며, '인생의 성공은 타인이 아닌 자신에게 달렸다'라는 뜻의 '오프라히즘'이라는 신조어까지 만들었다.

또 다른 예를 살펴보자. 존 F. 케네디는 미국의 대통령이 되는 것이 꿈이었다. 그의 롤모델은 미국의 제32대 대통령인 프랭클린 루스벨트였다. 케네디는 젊었을 때 마음속에 루스벨트의 이미지를 깊이 새겼다. 루스벨트에 관해 공부하고, 그 정책이나 성격에 대해서도 연구했다. 결국 케네디는 마음속의 롤모델을 현실화하여 미국의 대통령이 되었고 루스벨트와 비슷한 정책을 실행했다.

롤모델 정하는 법

1. 당신이 동경하는 성격, 성품, 인생의 업적을 성취한 대표적인 사람들을 찾는다.
   : 닮고 싶은 인물(책 또는 주변 사람)을 철저하게 연구한다.
2. 닮고 싶은 사람 중에 일단 한 사람을 정한다.
3. 3주간 철저하게 한 사람만 연구한다.
   : 그들의 자서전, 기사, 강의 등에 대한 자료를 수집하고 충분히 공부한다.
4. 마치 그 사람인 것처럼 행동한다.
   : 미러 세포를 통해 목표를 더 빨리 이룰 것이다.

—— 롤모델을 정하는 이유는 자신 삶의 가치를 더욱 높이고, 좀 더 빨리 원하는 목표를 성취하기 위해서이다. 롤모델을 연구하고 공부하며 스크랩하는 것은 자신만의 방식대로 하면 된다. 일단 10분 동안 닮고 싶은 사람이 있는지 생각하고, 지금 머릿속에 있는 사람 중 한 사람의 이름부터 적어본다. 나중에 바꾸어도 상관없다. 시간이 날 때마다 조사해본다. 지금 바로 시작하자.

우리도 미러 세포가 모방하고 따라 할 만한 사람을 찾고 연구해보자(p.218 부록 참고). 닮고 싶은 사람들의 진솔한 이야기와 그들이 했던 끊임없는 노력을 배우고 연구하다 보면 어느새 미러 세포가 작동하여 우리의 생각과 삶이 조금씩 그 사람을 닮아가게 될 것이다. 그러다 보면 우리도 다른 이에게 용기와 희망을 줄 수 있다.

14 플래너는 최고의 비서다

오늘부터 당신에게 비서가 생긴다면 어떨까? 당신의 할 일을 모두 받아 적고, 일정을 관리해주며, 잃어버린 일들을 꼼꼼하게 잘 챙겨주고, 삶의 흔적들을 모두 모아 한 권의 자서전을 만들어 주는 비서 말이다. 우리가 100%의 기억력을 가지고 있어서 듣고 보는 것을 모두 다 기억할 수 있다면 굳이 비서까지는 필요 없을지 모른다. 그런데 우리에게는 망각이 있다. 이 망각이 없다면 내가 살아오면서 저질렀던 실수들, 남에게 받았던 상처들, 이별의 고통을 모조리 다 기억해서 현재를 살아가기 힘들 것이다. 망각이라는 선물이 있어서 우리는 힘들었던 기억을 뿌옇게 처리하거나 흐릿하게 만들어 다시 희망을 품고 살아갈 수 있다.

이렇게 망각이 좋은 점도 있지만, 공부하는 사람이나 일을 하는 사람 그리고 바쁘게 생활하는 사람에게는 애물단지다. 망각은 기억해야 할 것들을 자꾸 잊게 만들어 사람을 힘들게 한다. 인간에게 기억은 크게 세 가지가 있다. 감각기억, 단기기억, 장기기억이다.

감각기억은 오감에 의해서 받아들여진 자극에 대해서 매우 짧은 시간 동안 저장하는 기억을 의미한다. 빨간색을 한참 응시하다 다른 데를 보면 빨간색의 잔상이 남는다. 이것은 감각기억이 방금 보았던 빨간색을 아주 짧게 기억하는 것이다. 단기기억은 작업기억이라고도 하는데, 짧은 시간 동안 7±2개 정도를 기억할 수 있다. '시장에 가면'이라는 게임을 해보았을 것이다. 앞사람이 말한 단어를 기억해서 순서대로 말하는 게임이다. 학생들과 해보면 신기하게도 5개 정도에서부터 틀리는 학생이 나오기 시작한다. 장기기억은 기억할 수 있는 개수가 제한되어 있지 않고 단기기억보다 훨씬 오랫동안 기억할 수 있다. 한 번 기억하면 오래간다. 하지만 장기기억으로 저장하기 위해서는 큰 노력이 필요하다. 영어단어 100개를 외워도 머릿속에 남는 것이 많이 없는 것과 같다. 그마저도 며칠 지나면 기억이 가물가물하다.

친구를 만나 이야기하거나 회사에서 회의 도중에 머리를 스치고 지나가는 생각이 있어서 '잠시 후에 적어두어야지'라고 생각했는데, 나중에 적으려고 보면 도통 생각이 나지 않는 경험이 있을 것이다. 순간적으로 번뜩이는 아이디어와 생각들을 단기기억으로 붙잡아 두는 데에는 한계가 있다.

우리의 두뇌가 이처럼 짧은 기억 시간과 망각으로 잘 잊어버리기 때문에 두뇌 시스템을 보완해 줄 비서가 필요하다. 바로 플래너이다. 플래너는 당신이 잊고 있거나 놓치고 있는 기념일과 일정들을 꼼꼼하게 챙겨준다. 플래너는 많은 장점을 갖고 있는데, 그중 가장 큰 장점 세 가지는 다음과 같다.

첫째, 효율성이다. 효율은 '들인 노력과 얻은 결과의 비율'을 말한다. 다시 말해 인풋 대비 아웃풋이 얼마나 잘 나오느냐이다. 플래너를 쓰는 15분을 투자하면 몇 시간을 절약하고 이득을 볼 수 있을까? 미국의 미래학자 제임스 보트킨은 성공한 사람들의 시간 사용 패턴을 분석하고 연구하는 과정에서 15:4의 법칙을 발견했다. 이는 일을 시작하기 전에 15분 동안 무엇을 할 것인지 생각하면 나중에 4시간을 절약할 수 있다는 법칙이다. 에이브러햄 링컨은 "나에게 나무를 베기 위해 6시간이 주어진다면 4시간을 도끼 가는 데 사용할 것이다"라고 말했다. 해야 할 일 중에 굵직굵직한 일을 먼저 배치하고 난 후 자잘한 일을 사이사이에 배치하고 계획하는 것이 눈앞에 닥치는 일만을 처리하는 것보다 훨씬 능률적이다. 플래너는 일을 효율적으로 처리할 수 있도록 도와주고, 기념일 등을 기억하여 인간관계를 돈독히 하는 데도 효과적이다.

둘째, 밸런스이다. 플래너는 당신의 삶에 밸런스를 가져다 준다. 몇 해 전부터 일과 삶의 균형이라는 워라밸(Work-life balance) 키워드가 트렌드이다. 이 단어는 1970년 후반 영국에서 처음 등장했으며, 일을 위해 할당된 시간과 삶의 다른 측면 사이에 할당된 시간의 균형을 묘사하는 데 사용되었다. 플래너를 쓰면 성장과 휴식의 밸런스를 적절하게 유지할 수 있다. 성장을 꿈꾸는 사람이라면 시간을 정해서 휴식하는 것이 오히려 밀도 있는 시간을 보낼 수 있다. 플래너는 일정뿐만 아니라 잠의 추적자(sleep tracker)를 통해 잠과 깨어있음을 리드미컬하고 조화롭게 만들어 주며, 무드 트레커(mood tracer) 등으로 자신의 한 달간 기분을 체크하고, 운동 트레커를 통해서 일상생활과 운동의 밸런스도 체크하는 등 다양한 기능을 가진다. 이런 기능들이 일과 삶의 균형을 잡아주는 역할을 하는 것이다. 종이 위에 자신의 방식으로 기록하는 습관이 개인의 삶에도 변화를 준다.

셋째, 슬럼프이다. 사람들은 누구나 한 번쯤 슬럼프에 빠진다. 이 슬럼프의 원인은 몇 가지가 있는데, 우선은 너무 과한 업무와 피로 누적이다. 이때 플래너를 잘 쓰면 적절한 수면과 해야 할 일들의 균형을 잡을 수 있다. 다음은 심리적인 압박이다. 시험을 앞둔 학생이나 대회를 앞둔 선수 등 어떤 목적을 이루고자 할 때 찾아오는 긴장과 두려움이다. 스몰 스텝으로 계획을 나누어 작은 일에서부터 성공해나가면 내면의 자신감이 커져 두려움을 이겨 낼 수 있다. 끝으로 목표를 잊어 초심을 잃은 경우이다. 이때 자신이 이미 이루어낸 성과를 보고 그동안 목표를 위해 노력한 자신의 기록과 성과들을 보면 많은 도움이 된다. 슬럼프는 내가 노력해도 아무런 진전이 없을 때 주로 생긴다. 이때 플래너가 "이 플래너를 봐요. 당신은 열심히 살았고, 노력도 많이 했어요. 당신의 노력이 쌓여 곧 빛을 내게 될 거예요. 당신은 다 잘 될 거예요"라고 말해준다면 많은 힘이 될 것이다.

인문학은 인간이 걸어온 발자취라고 이야기한다. 인문학을 읽고 인간을 이해하며 자신을 성장시키듯이 우리도 나 자신만의 발자취를 기록하는 행위가 필요하다. 플래너는 일정을 관리하는 기능 이외에 개인의 살아온 생애를 담아내는 역할도 한다. 더 나은 자신을 위해 한 '인간'의 이야기를 써보자. 사랑하는 주변 사람에게 나는 어떤 사람이었고, 어떤 길을 걸어왔으며, 어떤 길을 걸어갈지를 보여주는 것이다.

P—

Plan

계획

15

의지는 자신과의 약속으로 자란다

"당신은 자신과의 약속을 잘 지키는 편입니까?"

이 질문에 당당하게 "네"라고 대답하는 사람은 이미 성공한 사람일 것이다. 대부분의 사람은 그렇지 못한 경우가 많다. 우리는 타인과의 약속은 되도록 지키려고 노력하지만, 자신과의 약속은 쉽게 어기는 경향이 있다.

L은 그동안 드라마를 보며 치맥을 즐기다 보니 살이 조금 찐 것 같아 다이어트를 해야겠다는 결심을 하고 집 근처 헬스장에 가서 3개월을 등록했다. 그 기간에 9kg을 꼭 빼고야 말겠다고 스스로와 약속했다. 첫날 조금은 힘들었지만, 몸이 가벼워진 것 같아 기분이 좋았다. 헬스장 등록을 잘한 것 같다고 스스로 위안 삼으며 가벼운 발걸음으로 집에 갔다. 그렇게 3일을 연속으로 갔다가 4일째 되는 날 위기가 찾아왔다. 밖에는

비가 주적주적 내리고 친구가 치맥을 하자며 연락이 왔다. 갈등 끝에 하루쯤은 안가도 괜찮다고 생각하며 결국 우정과 치맥을 선택했다.

'내일부터 더 열심히 하면 되지 뭐~.'

한 번 정도는 괜찮지만 자신과의 약속을 반복적으로 어기게 되면 의지의 관점에서 문제가 생긴다. 자신과의 약속을 어기면 어길수록 의지는 점점 더 작아지고, 의지가 작아지면 어떤 일을 하다가 장애물이 나타났을 때 쉽게 포기하게 된다. 악순환이 반복되는 것이다. 의지는 무슨 일을 해내는 데 있어서 없어선 안 될 중요한 요소이다.

미국 육군사관학교의 웨스트포인트를 예로 들어보자. 치열한 경쟁력을 뚫고 입학한 학생들 5명 중 1명은 집중훈련 도중에 학교를 그만둔다. 입학을 위해 2년 이상 노력했던 학생들이 입학한 지 2개월 만에 자신의 꿈을 포기하고 마는 것이다. 『그릿』의 저자 앤절라 더크워스는 훈련을 통과하는 여부를 결정하는 것이 학생들의 성적이나 재능보다 그릿(grit)에 의해 좌우된다는 것을 발견했다. 그릿은 열정과 끈기다. 열정과 끈기는 무엇을 하려고 하는 강렬한 의지이다. 이 의지는 자신과의 약속을 중요하게 생각하고 자신의 삶을 강한 의지로 이끌어간다. 만약 의지가 없다면 열정과 끈기도 없다. 자신과의 약속을 계속해서 지키지 못하면 의지가 약해지고 급기야 무기력증에까지 빠지게 된다.

세상에는 부모님, 가족, 친구 등 소중한 사람들이 많지만 무엇보다 가장 소중한 사람은 바로 나 자신이다. 내가 있어야 다른 이들이 있는 것이다. 이렇게 소중한 자신과의 약속은 스스로 지켜야 한다. 그렇지 못할 것 같으면 처음부터 안 하는 것이 좋다. 자신과의 약속을 몇 번 지켰고, 몇 번 어겼는지의 데이터는 내 안에 고스란히 저장되어 있다. 세상 모두를 속여도 자신은 속일 수 없다. 자신이 얼마나 믿을 만한 사람인지는 스스로 정확하게 알고 있다. 사람마다 말과 약속의 무게가 다르다. 어떤 이는 말을 하면 무게감이 느껴지고 신뢰가 팍팍 가는 반면에 어떤 이는 말과 약속이 깃털처럼 가벼워 믿고 의지하기 어렵다.

의지는 자신과의 약속을 먹고 자란다. 작은 약속이라도 반드시 지키면 의지는 그만큼 커지고 강해진다. 의지가 커지면 조금 더 큰 약속을 이룰 수 있으며, 이것이 선순환되어 나중에는 큰일을 포기하지 않고 끝까지 해낼 수 있는 힘을 준다. 목표를 세우고, 계획을 짜며, 그것을 실천해 나가는 데 필수조건이 바로 의지다. 이 의지를 키우기 위해 오늘부터라도 자신과 한 약속은 반드시 지켜나가기 바란다.

실패 없는 목표 달성법

많은 사람이 극적인 변화를 추구하고자 한다. 가장 최적의 조건에서 최상의 컨디션으로 꿈같은 계획을 짠다. 그러나 며칠 계획대로 하다가 뜻하지 않은 돌발 사건이 생긴다. 계획에 없었던 일이다. 계획과 일정들은 도미노처럼 쓰러져 처음 짜 놓았던 계획들을 무너트린다. 이런 일이 반복되면 아예 계획조차 세우지 않고 즉흥적으로 일한다. 주어진 일만을 처리하며 자유의지를 잃어버리게 되는 순간이다.

계획은 인간만이 가지고 있는 특권이다. 자유의지를 가지고 자신이 원하는 삶의 방향으로 소중한 시간을 낭비 없이 사용하는 데 필요한 툴(도구)이 계획이다. 그런데 이 도구가 커다란 욕심 때문에 제 기능을 하지 못하는 경우가 생긴다. 커다란 욕심이 계획과 실천의 간극을 벌려 놓아 성공으로부터 멀어지게 만든다. 우리는 성공에 다가가기 위해서 시간 속에 욕심을 채우는 것이 아니라 욕심을 걷어내야 한다. 시간관리는 복잡할수록 이루기가 어렵다. 진리가 간단명료하듯이 시간관리도 간단명료해야 한다.

욕심은 자신을 과대평가하게 만들고, 이 과대평가는 무리한 목표와 계획을 만들어서 우리를 불가능의 늪 속으로 빠뜨린다. 그러면 우리는 불가능의 늪에서 허우적대다가 자유의지를 잃어버리고 점점 더 무기력해져 간다.

어느 날 돼지와 소, 펭귄이 풍선을 타고 누가 더 멀리 가는지 시합을 했다. 이 세 동물은 '풍선이 커지면 줄은 가늘어지고, 풍선이 작아지면 줄은 굵어지는 독특한 풍선'을 하나씩 가지고 시합을 벌였다.

돼지는 큰 욕심으로 풍선을 아주 크게 불었다. 풍선이 커질수록 풍선을 묶고 있는 줄은 거미줄처럼 가늘어졌다. 펭귄은 자신이 컨트롤할 수 있는 크기만큼 풍선을 불었다. 그에 따라 줄의 굵기도 적당하게 바뀌었다. 소는 소심해서 풍선을 아주 작게 불었다. 그랬더니 줄이 굵어졌다. 출발 총소리에 맞춰 셋은 일제히 하늘로 향했다.

돼지는 날아오르자마자 풍선의 가느다란 줄이 끊어져 제자리에 떨어졌고, 욕심으로 가득 찬 풍선은 하늘 높이 혼자 날아가 버렸다. 소는 풍선이 너무 작아서 하늘로 날 듯하다 다시 내려왔고, 이를 몇 번 반복하다 시합에 흥미를 잃고 말았다. 펭귄은 적당한 크기의 풍선으로 잘 날아서 원하는 성공 지점에 도착해 시합에서 이겼다.

이 시합에서 풍선은 목표의 크기이고, 줄은 성공 가능성이다. 목표가 커지면 성공 가능성이 낮아지고, 목표가 작으면 성공 가능성이 높아진다. 돼지처럼 욕심으로 가득 채워진 목표를 세우고 실행하다 끊어지기를 반복하다 보면 의욕을 잃게된다. 계획해도 안 된다며 무기력의 늪에 빠진다. 또한 소처럼 너무 확실하고 누구나 할 수 있는 목표를 세워도 흥미가 떨어져 도전하고 싶은 생각이 사라진다. 적당한 도전 정신을 불러일으키고, 노력하면 이룰 수 있을 듯한 계획을 세우는 것이 무엇보다 중요하다.

수험생의 경우 주변 사람들의 눈치와 자신의 실력을 과대평가하게 되면 목표대학을 너무 높게 잡는다. 그러다 보면 기본기를 차근차근 다지기보다 난이도가 높은 문제를 풀게 되어자꾸 틀리고, 흥미가 점점 떨어져 공부하는 것 자체가 힘들어진다. 자신의 실력을 정확하게 파악하고 도전 가능한 목표를세워 이에 맞게 계획을 짜는 것이 좋다. 적절한 계획은 내가 오늘 노력하면 원하는 대학에 갈 수 있을 것이라는 생각이 들면서 공부에 더욱 집중하게 된다.

　무리한 목표를 세우면 무리한 계획이 나올 수밖에 없다. 성과와 노력의 상관관계를 알게 되면 처음부터 너무 무리한 계획을 세우지 않는다. 보통 우리는 머릿속에 노력과 성과가 아래 그림의 직선(A)이라고 생각한다. 10을 투자하면 10의 성과가 나오고, 50을 투자하면 50의 성과가 나온다고 판단하는 것이다. 그러나 실제로는 곡선(B)으로 나타나는 경우가 많다. 10의 노력을 했을 때 실제 성과가 3밖에 나오지 않으면 7만큼 실망하게 된다. 더 열심히 하기 위해 20의 노력을 하지만 성과는 8이 나온다. 이렇게 되면 간격의 차이만큼 실망하게 되고 힘이 빠진다. 의지가 조금 있는 사람이라면 더 노력하겠지만 대부분의 사람은 노력 대비 만족이 적어 포기하게 된다.

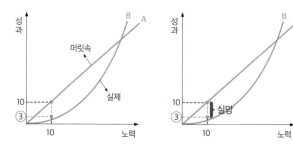

　노력해도 별로 실력이 늘지 않다가 갑자기 팍 느는 경험을 한 번쯤은 해 보았을 것이다. 노력과 성과가 대부분 계단식으로 이루어져 있기 때문이다. 이 계단식 성과 그래프를 다른 식

으로 설명할 수도 있다.

한 회사에서 금연대회를 열어 1등에게 상금 500만 원을 걸었다. 합숙 훈련 첫날은 참가자 1,000명 모두 의욕이 충만하여 금연에 성공했다. 2일째 되던 날부터 포기자가 나오기 시작하더니 1단계에서 80%가 중도에 포기하여 20%인 200명만 2단계로 올라갔다. 2단계의 힘든 과정을 이기지 못하고 또 80%는 포기하여 20%인 40명만 3단계로 올라갔다. 경쟁자의 80% 정도가 포기할 때면 한 단계씩 수직상승이 나타났다. 이런 식으로 지수 곡선을 따라 계단식으로 성과가 나오게 되는 것이다.

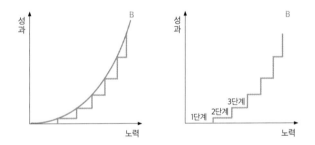

노력에 비해 아무런 성과가 없어도 일단은 버텨야 한다. 포기하지 않고 버티다 보면 언젠간 이룰 수 있다. 그러나 우리는 생각보다 인내심이 강하거나 절제력이 뛰어나지 않다. 그렇기에 이럴 때는 목표의 크기를 줄이는 것이 하나의 해결책이 될수 있다. 처음부터 10의 목표를 세우지 말고 초반에는 3만큼, 다음은 7만큼, 그다음은 10만큼의 목표를 세우면 된다. 목표

의 크기를 손에 잡힐 듯한 크기로 줄이는 것이 좋다. 자신의 목
표 크기는 스스로 정해야 한다. 누군가에게 물어보지 말고 스
스로 가능한 목표를 잡아보자.

목표를 잡고 계획을 세울 때는 냉철해야 한다. 마음이 앞서
무리하게 계획을 세우면 빡빡한 일정으로 계획표를 바라보는
것만으로도 스트레스를 받을 수 있다. 느려도 황소걸음이라는
말이 있다. 빡빡한 일정을 견디지 못해 중도에 포기하기보다
는 여유를 갖고 황소처럼 우직하게 한 발 한 발 앞으로 나아가
는 것이 좋다. 느린 것이 오히려 빠를 수 있다.

17 일상에 스몰 스텝 적용하기

'피자 빨리 먹기 대회'에 두 사람이 출전했다. A는 피자 한 판을 잘게 나누어 먹고, B는 피자 한 판을 돌돌 말아 먹었다. 과연 누가 빨리 먹을까? 정답은 A이다. B처럼 하나를 통째로 먹는 것보다 잘게 나누어 먹는 것이 오히려 더 빨리 먹고 소화도 빠르다. 어떤 일이나 프로젝트를 능률적으로 처리할 때도 마찬가지다. 한꺼번에 모든 것을 처리하려고 마음먹기보다는 일을 나누어 처리하는 것이 좋다. 이렇게 잘게 쪼개어 처리하는 방식을 '스몰 스텝'이라 한다. 스몰 스텝의 특징은 스트레스 최소화, 적은 에너지 사용, 처리 속도 상승이다.

어느 날 아침 9시, 상사가 보고서 작성을 위해 책 한 권을 건네주며 오늘 중으로 400페이지의 책을 다 읽으라고 지시했다. 책상으로 돌아와 책을 보니 '이걸 언제 다 읽지…' 답답하기만

하다. 읽는다고 읽지만 400페이지의 무게감 때문에 책은 눈에 들어오지도 않고, 읽는 속도도 점점 느려지기만 할 뿐이다. 이 때 스몰 스텝을 적용하는 것이다. 먼저 400페이지를 8시간으로 나누면 1시간당 읽어야 할 분량이 50페이지다. 50분 읽고 10분 쉰다고 가정하면, 1분에 1페이지씩 50분 읽고 10분 휴식하면 된다. 400페이지를 한 번에 생각하는 것보다 조금 마음이 편해지고 부담이 줄어 집중도 잘 된다.

집안 대청소를 할 때도 일을 효율적으로 처리하기 위해 스몰 스텝을 적용해 본다. 먼저 욕실, 큰방, 작은방, 거실, 주방 등으로 구획을 나눈다. 욕실도 한 번에 하려고 하면 시간이 걸리므로 자투리 시간을 이용한다. 세수하다가 세면대 한 번 쓱 닦아주고, 변기가 조금 지저분하다는 생각이 들면 솔로 한 번 닦아 준다. 시간이 조금 여유가 있다면 샤워기로 가볍게 바닥 먼지만 없애준다. 이렇게 스몰 스텝으로 잘게 나누어 일하면 생각보다 힘이 덜 들고 예상보다 빨리 마칠 수 있다.

스몰 스텝을 조금 더 응용하여 잘 모르는 분야의 일을 할 때 사용하는 스킬에 대하여 알아보자. 예를 들어, 생소한 분야의 책을 읽을 때는 그림 A처럼 1/N로 균등하게 나누어 읽으면 시작 부분에서 진도가 쉽게 나가지 않을 것이다. 잘 모르는 분야라 단어도 생소하고 문장도 어려워 이해가 잘 안 된다. 이럴 때는 그림 B와 같이 사다리꼴 모양으로 일을 나누는 것이 좋다.

무엇이든 처음 시작하는 일은 그 일을 이해하는 데 시간이 많이 소모된다. 어려운 책을 읽을 때 앞부분의 이해가 잘 안 되는 구간을 통과하고 나면 단어들도 조금씩 익숙해지고, 저자가 어떤 의도로 이야기하는지를 파악하게 되어 책장을 넘기는 속도가 점점 빨라진다.

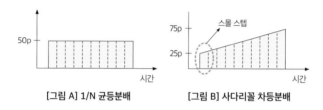

[그림 A] 1/N 균등분배   [그림 B] 사다리꼴 차등분배

10일 동안 50페이지를 똑같이 나누어 읽는 것도 좋지만 읽기가 힘든 책이라면 첫날은 25페이지, 둘째 날은 30페이지, 셋째 날은 35페이지 식으로 점점 늘려서 읽으면 더욱 쉽게 이해할 수 있다. 어떤 일을 시작할 때는 마음의 저항을 한껏 낮추어 일단 '시작하는 것'이 중요하다. 그리고 이렇게 스몰 스텝으로 시작하다 보면 일 처리에 가속이 붙는다. 사다리꼴 모양이라 앞부분에서 적게 일하고 후반부에서 많이 일해야 하는 것처럼 보일 수도 있지만, 일 처리 능력에 가속도가 붙으면 생각보다 쉽게 원하는 시간 안에 끝낼 수 있다. '잘게 쪼개서 각개격파!' 이것이 스몰 스텝의 핵심 스킬이다.

매일 하는 루틴에도 스몰 스텝을 적용해 볼 수 있다. 자신의 성장을 위해 하루에 독서 30페이지, 영어 회화 9문장, 스쿼트 90개라는 세 가지 목표를 세웠다고 하자. 컨디션이 좋은 날에는 세 가지 모두 다 해낼 수 있지만, 예측하지 못한 일이 일어나거나 몸이 피곤하여 하루 이틀 못하게 되면 나중에는 다시 시작하려 해도 힘겹게 느껴져 포기하게 된다. 어떤 목표를 세울 때나 처음 시도하는 루틴일수록 첫 시작은 무리하지 않고 적은 양으로 잡는 것이 좋다. 스몰 스텝을 적용하여 목표량을 3단계로 나누고 계획을 세운다.

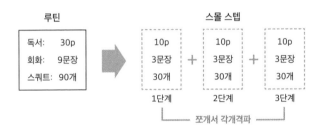

루틴에 스몰 스텝 적용 방법

'오늘은 10페이지만 읽어야지'라고 생각하며 1단계 루틴을 실행한다. 처음부터 3단계 30페이지를 목표로 정하기보다 하루 10페이지로 정하면 마음의 부담이 적다. 책을 읽은 후에는 동그라미 하나를 친다. 조금 더 보고 싶어서 20페이지를 읽게 되면 동그라미 두 개를 친다. 30페이지를 읽었으면 동그라미 세 개를 친다. 해냈다는 자신감이 당신을 행복하게 만들고 의지를 강하게 해준다. 만약 컨디션이 좋지 않아 루틴을 실행하기가 힘든 날이 와도 10페이지만 읽자고 생각하면 두뇌가 적당히 타협한다.

루틴 목표 스몰 스텝 3단계

Habit Tracer

Routine	1	2	3	4	5	6	7	8	9	10	11	12
독서 10p	◎	◉	◎	○	◎	○	○	◎	○	◎	○	
회화 3문장	○	◎	○	◉	◉	◎	○	○	○	○	◎	
스쿼트 30개	◎	◉	○	◉	◎	○	○	◎	○	○	◎	

루틴 목표를 최소치로 설정한 경우

이런 식으로 목표와 할 일을 마이크로 스몰 스텝으로 잘라서 하나씩 이루어 나간다면 성취감과 자신감이 점점 커지고 의지가 더욱 강해질 것이다. 한 번의 큰 성공보다 여러 번의 작은 성공이 자신감과 의지를 강하게 하는 데 더 큰 역할을 한다. 작은 성공이 누적되면 그것이 자신 안에서 끈기와 힘으로 변화되어 어떤 역경이 찾아와도 견디고 이겨낼 수 있다.

18 하기 싫은 것부터 해결하라

　어떤 일이든 그 일속에는 핵심포인트가 있기 마련이다. 그렇다면 시간관리의 핵심포인트는 무엇일까? 바로 '시퀀스(sequence, 순서)'이다. 일의 순서를 정하는 것은 시관관리에서 정말 중요한 사항이다. 어떤 순서로 일을 진행하느냐에 따라 그 결과는 엄청나게 달라질 수 있다.

　2016년 3월 딥마인드 챌린지 바둑 대회에서 알파고가 이세돌 9단을 4대 1로 이겼다. 이 결과로 전 세계에 '알파고 쇼크'라고 할 만한 파장을 불러일으켰다. 바둑은 철저하게 순서의 게임이다. 매 순간 자신에게 가장 유리한 순서로 바둑알을 놓아야 승리할 수 있다. 알파고는 천문학적인 경우의 수(250의 150제곱)에서 가장 최적인 순서로 바둑알을 두어 승리했다. 최적의 순서가 승리를 안겨준 것이다.

미국의 펩소던트 컴퍼니라는 기업의 회장인 찰스 럭맨은 중년의 나이에 무일푼에서 시작하여 백만장자가 된 인물이다. 그가 사장으로 취임했을 때 사람들은 그의 성공 신화를 부러워했고, 그 비결을 알고 싶어 무수한 질문을 던졌다.

"당신의 뛰어난 머리가 성공의 비결입니까?"

"아닙니다. 제 학력은 별 볼 일 없는 수준입니다."

"그러면 물려받은 재산 같은 것이 원동력이 되었나요?"

"아니요. 저는 무일푼이나 다름없었습니다. 제가 이 자리까지 올 수 있었던 것은 11년 전에 했던 단 하나의 결심 때문입니다. 그것은 일을 중요한 순서대로 처리하는 것이었습니다."

일을 처리하는 데 있어 정말 중요한 요소가 순서라는 것은 대부분 동의할 것이다. 그럼 어떤 기준으로 일의 순서를 정해야 할까? 일의 순서를 정하는 기준과 절차에 '계획을 실천하느냐 못하느냐?, 목표를 이루느냐 못 이루느냐?'가 달려 있다고 해도 과언이 아니다.

마음의 관점에서 보면 일은 크게 '하고 싶은 일'과 '하고 싶지 않은 일'의 두 가지로 분류할 수 있다. 하고 싶은 일은 자신에게 즐거움을 주고 시간도 잘 간다. 반면 하고 싶지 않은 일은 적잖은 고통을 수반하며 시간도 잘 안 간다. 하고 싶은 일은 대부분 돈을 주면서 해야 하고, 하고 싶지 않은 일은 대부분 돈을 받으면서 해야 한다. 그렇다면 둘 중에 어느 것부터 해야 할까? 이 결정은 사람의 가치관마다 다를 것이다. 만약 당신이 인생을 마냥 즐기고만 싶다면 하고 싶은 일만 하면 된다. 반대로 당신이 이번 생에 꼭 무엇인가를 이루어 성공하고 싶다면 하고 싶지 않은 일부터 하면 된다.

어떤 일을 배울 때는 기본기가 아주 중요하다. 기본기를 탄탄히 하면 처음에는 느려 보여도 시간이 지날수록 실력이 붙는다. 시간관리의 가장 큰 핵심이자 기본기가 바로 '할 일의 순서를 정하는 것'이다. 이것이 성공의 기본기를 닦는 일이다. 하고 싶지 않은 일을 하기 위해서는 의지와 노력이 필요하다. 노력한다는 건 힘든 일을 견뎌내는 것이다. 그리고 하고 싶지 않은 일을 참고 해나가는 것, 자신의 한계를 매 순간 맛보는 것이다. 노력하지 않고 절제력 없이 성공하는 사람을 본 적이 있는가? 있다면 그 성공은 오래가지 못한다.

턱걸이를 매일 10개만 하면 당신의 턱걸이 실력은 10개에서 멈추게 된다. 정말 팔이 부들부들 떨리고 힘들지만, 그 순간을 견디고 매일 하나씩 늘리는 노력을 한다면 90일 뒤에는 100개를 할 수 있는 능력을 갖추게 된다. 매일 어제보다 1개씩 더하는 힘들고 하기 싫은 과정을 마주하고 그것을 뛰어넘어야 한다. 하고 싶지 않은 일을 미루지 않고 정면 돌파해야만 스스로가 단련되고 성장할 수 있다.

K는 출근 시간이 다 되어 헐레벌떡 뛰어들어와 자기 책상

앞에 앉았다. 어제 늦게까지 야근하느라 책상을 정리하지 못해 어수선하다. 무엇부터 해야 할지 갑자기 머리가 멍하다. 눈앞에 보이는 것부터 또는 손에 잡히는 것부터 그냥 하기 시작한다. 중간에 끼어드는 일도 처리하며 어영부영 오전 시간을 보내니 점심시간이다. 점심을 먹고 오니 식곤증으로 졸음이 쏟아진다. 몽롱한 정신을 깨우려고 노력해보지만 집중이 잘 안 된다(참고로 하루 중 오후 2~4시가 집중력이 가장 낮은 시간대이다). 시간은 하염없이 지나가고 4시부터 조금 정신이 들기 시작한다. 일을 조금 시작해 보려고 하니 퇴근 시간이 가까워졌다. 온종일 정신없이 바쁘게 보내며 일을 한 듯하지만, 정작 해야 할 중요한 일은 하지 못하고 자꾸 쌓여만 가는 느낌이다. 시간이 지날수록 업무에 스트레스를 받고 '이 일이 나의 적성에 맞지 않는 건 아닐까?' 하는 회의마저 든다.

시간이 지날수록 업무가 쌓여가는 것은 일 처리 순서에 문제가 있다는 것이다. 일의 순서는 시간관리에 중요한 컨트롤 포인트다. 일의 순서를 잘 정하는 것이 업무라는 실타래를 꼬이지 않게 잘 풀어가는 방법이다. 그렇다면 어떤 순서로 일을 해나가야 할까? 앞에서 이야기했듯이 하고 싶지 않은 일, 미루고 싶은 일(마음의 무게가 큰일)부터 먼저 처리해 나가는 것이 좋다. 이 순서대로 처리하지 않고 하고 싶은 일만 하다 보면 일은 계속 쌓여간다. 또한 하고 싶지 않은 일을 계속 미루게 되면 생각지도 못한 곳에서 문제를 발생시켜 결정적인 순간에 치명타를 준다. 결국 미루었던 일은 다른 일과 뒤엉켜 눈덩이 처럼 불어난다.

이 문제를 해결하는 방법은 '시퀀스 W(Weight)'이다. 이는 업무처리 순위를 정하는 아주 강력한 솔루션이다. 무엇부터 해야 할지 갈피를 못 잡을 때 시퀀스 W로 순서를 정하고 일을 하면 보다 효과적으로 처리할 수 있다. 여기서 W는 마음의 무게다. 어떤 일을 생각할 때 미루고 싶은 정도, 마음에서 밀어 내는 정도가 바로 W값이 된다. 해당 일이 정말 하고 싶지 않으며 많이 미루고 싶다면 W값은 9~10점을 주고, 보통이면 5점, 쉽고 편하면 0~2점을 주면 된다. 이때 마음의 무게 W값은 0~10점까지만 정할 수 있다.

시퀀스 W의 시간관리 솔루션 3단계에 대하여 구체적으로 알아보자. 먼저 1단계에서는 오늘 할 일의 목록을 적는다. 2단계에서는 각각 할 일에 W값을 정한다. 자신이 그 업무를 생각할 때 마음에서 느껴지는 무게를 0~10점까지 정하면 된다.

3단계에서는 W값이 큰 것부터 처리해 나간다. 그리고 업무를 완료하면 빨간 줄을 긋는다. W값이 큰 것을 먼저 처리하는데에는 이유가 있다. 하루 중 우리의 에너지는 오전이 가장 높다. 이 에너지가 높을 때 마음의 짐이 큰, 하고 싶지 않은 일을 먼저 처리하고 오후부터는 되도록 쉬운 일을 처리해 나간다.

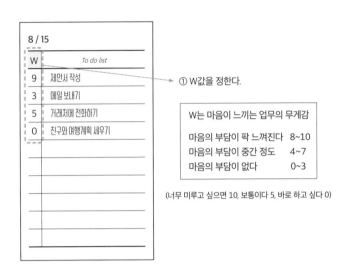

8 / 15

W	To do list
9	제안서 작성
3	메일 보내기
5	거래처에 전화하기
0	친구와 여행계획 세우기

① W값을 정한다.

W는 마음이 느끼는 업무의 무게감

마음의 부담이 팍 느껴진다 8~10
마음의 부담이 중간 정도 4~7
마음의 부담이 없다 0~3

(너무 미루고 싶으면 10, 보통이다 5, 바로 하고 싶다 0)

이런 방식으로 일을 처리하게 되면 오후로 갈수록 마음이 편안해진다. 처음 일주일은 조금 버겁게 느껴질 수 있지만, 이 방법이 습관이 되면 같은 일을 처리해도 일 처리에 속도가 붙고 시간이 지날수록 마음이 편안해지는 것을 경험할 수 있다. 무엇인가를 처음 배울 때는 최소 3주 이상은 꾸준히 해봐야 한다.

우리는 늘 선택의 기로에 선다. 목표를 향하는 길에 힘든 오르막길과 편안한 내리막길의 선택 순간에 당신이 서 있다. 당신이라면 어떤 길을 택하겠는가? 보통 사람들은 당장 힘들게 오르기보다는 일단 쉽고 편안한 길을 먼저 택하려고 할 것이다. 내리막길을 선택하면 처음에는 편안하지만 나중에는 더 많이 올라가야 한다. 반면에 오르막길은 후반부로 갈수록 편

해진다. 처음에는 힘들더라도 오르막길을 선택하는 것이 목표
에 더 빨리 가까워질 수 있다.

　성공하고 싶다면 미루고 싶은 일과 귀찮은 일을 바로바로
끝낼 줄 알아야 한다. 그렇지 않으면 나중에 몇 배, 혹은 몇십
배의 노력을 더 해야 한다. 일이 더 커지기 전에 바로 처리하
는 훈련이 시간관리의 중요한 포인트다. 시퀀스 W는 우리가
가야 할 방향을 알려주는 이정표이자 진정한 길라잡이다. 아
울러 일 처리 능력을 한 단계 업그레이드시켜서 우리의 삶을
심플하고 깔끔하게 만들어 줄 것이다. 시간관리의 핵심은 시
퀀스에 있다는 것을 다시 한번 명심해야 한다.

19 80%의 계획을 꾸준히 실천하기

계획은 일과 쉼으로 이루어져 있다. 일과 쉼이 적절하고 균형 있게 조화를 이룰 때 계획이 빛을 발하고 효율성 또한 높아진다. 많은 일정을 소화해 내기 위해 적절한 타이밍에 쉼이 들어가야 한다. 쉼이 어디에 위치하는지에 따라 목표의 달성과 효율성이 많이 달라진다.

그럼 계획을 세울 때 어떤 단위로 세우고 쉬는 것이 좋을까? 사람마다 차이가 있겠지만, 주간 단위로 계획하고 쉬는 것이 좋다. 주간 단위로 할 일을 분배하고 계획을 짜면 여러 가지 강점이 있다. 그렇다면 파워 주간계획을 세우는 세 가지 방법에 대하여 알아보자.

첫 번째는 '마디'이다. 한 주를 시작하는 요일은 나라마다 다르다. 미국은 일요일부터, 영국과 중국은 월요일부터, 이슬람

권 나라에서는 토요일부터 한 주의 시작으로 여긴다. 국제표준화기구(ISO)에서는 월요일을 한 주의 시작이라고 규정해 놓고 있다. 주간계획을 세울 때는 월요일부터 시작하는 것을 추천한다. 월~토요일까지 열심히 일하고 일요일에 쉼과 휴식을 하는 것이다. 쉬고 나서 일하는 것보다 일하고 나서 쉬는 것이 더 효율적이다. 그래서 한 주간의 마디를 월~일요일로 정한다.

예를 들어, K가 1년에 50권의 책을 읽기로 했다면 한 달에 4~5권의 책을 읽으면 되고, 일주일 단위로 계획한다면 일주일에 한 권의 책을 보면 된다. 이번 주에 읽을 책의 분량이 300페이지라면 보통 사람들은 7일로 나누어 매일 43페이지씩 읽는 것으로 계획을 짠다. 그러다 주중에 약속이 생기면 그날은 책을 못 읽게 된다. 이런 일이 쌓이면 계획은 소화되지 못하고 계속 미루어진다. 작은 계획이 쓰러지면서 큰 계획을 무너트리는 도미노 현상이 발생하게 된다. 이런 도미노 현상을 피하는 방법은 계획을 짤 때 월~토요일까지 할 일을 분배하는 것이다. 일요일은 아무것도 안 하고 쉴 수 있도록 한다. 300페이지 분량을 6일로 나누어 하루에 50페이지씩 읽는 것으로 계획한 후 수요일에 갑작스러운 일이 생겨서 책을 못 읽게 된다면 그 계획을 일요일로 옮기면 된다.

이처럼 계획을 세울 때는 한 주 단위의 사이클로 짜고, 일요

일을 비워 둠으로써 계획을 지킬 수 있는 여유가 생기도록 하는 것이 좋다. 만약 월~토요일까지 계획을 모두 잘 지키고 완수했다면 일요일에는 그동안 노력한 자신에게 달콤한 쉼과 휴식을 주는 것이다. 그래야 다음 주에 더 열정적으로 일을 완수해나갈 수 있다. 여기서 주의해야 할 점은 일요일에는 다음 주 흐름에 피해와 영향이 갈 정도로 쉬거나 놀아서는 안 된다.

두 번째는 'Time vs. Task'이다. 사람들은 보통 두 가지 관점으로 계획을 세운다. 하나는 시간 중심, 또 하나는 업무 중심이다. 대부분의 사람은 시간을 중심으로 계획을 세우고 스케줄링한다. 이럴 경우 시간에 따라 많은 영향을 받게 된다. 우리는 하루하루 컨디션이 다르다. 어제 아침의 컨디션과 오늘 아침의 컨디션 그리고 내일의 컨디션이 다르다. 컨디션에 따라 동일한 시간에 해낼 수 있는 업무의 양이 달라진다.

또한 시간을 중심으로 계획을 세우면 집중도가 달라진다. 예를 들어, 한 학생이 9~10시는 수학, 10~11시는 영어, 11~12시는 국어를 공부하기로 계획을 세웠다. 9시가 되어 수학 공부를 시작했다. 수학 문제를 풀다가 시계를 봤더니 아직 30분이 남았다. 30분간 버티고 문제를 풀었다. 수학 공부를 마치면 영어 공부가 기다리고 있다. 뇌가 점점 피곤해진다. 영어 공부가 끝나면 국어 공부가 기다리고 있다. 버티는 수준으로 시간이 지나가기를 기다린다.

반면 분량 중심으로는 수학 30문제, 영어 지문 5개, 국어 교과서 10페이지로 계획을 세울 수 있다. 40분 만에 30문제를 풀면 나머지 20분은 휴식 시간을 가질 수 있다. 20분의 달콤한 휴식을 맛본 뇌는 영어 지문을 공부할 때나 국어를 공부할 때 최대한 빨리 분량을 마치고 쉬려 할 것이다. 이렇게 공부를 빨리 마치려는 생각에 집중도가 더 향상될 수 있다.

이런 메커니즘 때문에 시간 중심보다는 업무 중심으로 계획을 짜는 것이 좋다. 그렇다고 스케줄링을 전혀 하지 말라는 뜻은 아니다. 대략 몇 시부터 몇 시까지 스케줄링은 하되 시간에 얽매이기보다 하는 일에 초점을 맞추라는 뜻이다. 10~11시까지 프리젠테이션 준비를 계획했는데, 갑자기 아침에 사장님이 시킨 제안서를 작성하느라 준비를 못 했다면 유연하게 오후로 넘겨서 진행하면 된다. 계획을 세우고 실천하다 보면 생각했던 것보다 정말 많은 일이 끼어들어 원래 계획했던 일들을 틀어놓는다. 이때 시간 중심으로 계획을 한다면 스트레스 받는 일이 되고, 업무 중심으로 계획을 한다면 다른 시간대에 짬을 내서 처리하면 된다.

세 번째는 '80%'이다. 인생을 흔히 마라톤에 비유하곤 한다. 마라톤의 결승점에 통과하기 위해서는 자신만의 페이스로 포기하지 않고 끝까지 달리는 것이 중요하다. 처음부터 무리하게 달리면 중간에 포기하게 된다. 계획도 마찬가지다. 처음부터 의욕에 넘쳐 무리하게 짠 계획은 수포가 될 가능성이 크다. 따라서 평소 계획을 세울 때는 자신의 능력에 80%만 짜는 것이 좋다. 하루에 책을 50페이지 읽을 수 있다면 40페이지만 목표로 한다. 책이 술술 읽혀 50페이지 넘게 읽을 수도 있지만, 어떤 파트에서는 이해가 잘 안 되어 생각보다 시간이 많이 필요할 때가 있다. 이때를 위해서 80%로 계획을 짜는 것이다.

영어 회화 10문장을 암기할 수 있다면 8문장만, 스쿼시 100개를 할 수 있다면 80개만 계획한다. 그리고 이를 꾸준히 지켜나가야 한다. 많이 하는 것이 아니라 지속해서 하는 것이 중요하다. 그렇기에 자신이 매일 꾸준히 할 수 있고, 부담 없는 정도의 분량을 정하는 것이 좋다. 이후 분량을 조금씩 늘리는 것이다. 성급한 마음과 빨리 성공하고 싶은 마음이 오히려 일을 그릇되게 만들고 계획을 무산시키는 경우가 많다. 계획과 일정들이 너무 빡빡하게 되면 마음이 무거워지고 볼 때마다 스트레스를 받게 된다. 그에 반해 80% 정도의 계획으로 채워져 있으면 '그래도 할 만한데'라고 생각하며 즐거운 마음으로 해나갈 수 있다.

그렇다고 해서 언제나, 어떤 상황에서도 80%만을 계획하라는 것은 아니다. 급하고 중요한 순간에는 120%를 계획하고 그만큼의 에너지를 쏟아낼 수도 있어야 한다. 120%의 에너지를 쏟아붓기 위해 평소에 80% 정도의 계획을 꾸준히 실천하면서 끈기와 지구력, 실행력을 키워나가는 것이다. 살면서 결정적인 순간에 기회가 찾아온다. 그 기회를 자신의 것으로 만들기 위해서는 평소에 그 기회를 담을 수 있는 그릇과 소화해 낼 수 있는 실력을 준비해야 한다. 지금 빨리 달리고 남들보다 앞서있다고 해서 잘하고 있는 것이 결코 아니다. 지금은 조금 느려 보여도 마지막 순간에 자신이 원하는 결승점을 통과하느냐 마느냐가 더 중요하다.

큰 시간 상자를 찾아라

24시간의 시간 상자가 있다. 어느 날, 황금알을 낳는 거위 세 마리가 상자 속으로 숨어 들어갔다. 거위 세 마리는 'am 4~6, am 9~11, pm 4~6, pm 9~11' 중에 어디로 숨어 들어갔을까?

우리가 기계라면 하루 24시간은 다 똑같다. 하지만 우리는 인간이기에 신체 에너지의 변화에 따라 시간의 힘과 가치가 달라진다. 지금 우리는 두뇌를 많이 사용하는 지식기반경제 속에서 살고 있다. 창의적인 생각이 다른 어떤 시대보다도 중요한 시점이다. 일을 창의적으로 말끔히 처리하기 위해 정신이 맑은 시간이 필요하다.

시간관리는 시간이라는 재료를 잘 요리해서 내가 원하는 음식(목표)으로 만드는 것이다. 여기에서 시간이라는 재료의 신

선도가 중요하다. 신선한 재료로 만들면 음식의 맛이 중간 이
상은 간다. 이와 마찬가지로 목표를 이루는 데 있어서 어떤 시
간을 사용하느냐에 따라 목표를 이루는 확률과 소요 시간이
달라진다. 목표를 이루기 위해 신선하고 에너지가 충만한 시
간을 사용하느냐, 시들고 에너지가 없는 시간을 사용하느냐에
따라 그 결과는 사뭇 다르다. 예를 들어, 시간을 상자로 표현
한다면 그 시간 상자의 크기는 똑같지 않고 모두 다르다. 그래
서 시간 상자의 크기에 따라 담을 수 있는 양이 달라진다. 큰
시간 상자는 보통의 시간 상자보다 2~3배 정도까지 크다. 그
래서 더 많은 것을 담을 수 있다.

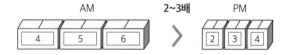

큰 시간 상자 3개만 잘 찾아서 오롯이 집중하면 보통 시간
상자 6~9개에 담을 수 있는 일을 처리할 수 있다. 어찌 보면
이것이 시간의 매직이라고도 볼 수 있다. 같은 하루를 보내면
서도 더 많은 일을 소화하고 처리하는 사람들을 볼 수 있는데,
이들은 모두 자신만의 큰 시간 상자를 찾고 주변의 방해를 최
소화하여 그 시간을 밀도 있게 보낸다.

그렇다면 이제 거위가 숨어들어 간 시간 상자는 어느 곳일

까? 정답은 '거위마다 다르다'이다. 어떤 거위는 am 4~6 상자에 들어갔을 수도 있고, am 5~7일 수도, pm 11~1시일 수도 있다. 그것은 자라온 환경과 생활패턴에 따라 다르다. 그래서 우리도 각자만의 24시간을 조사하고 분석하여 스스로 집중이 잘 되는 시간을 찾아야 한다.

일반적으로 am 4~6시가 가장 큰 상자다. 7시에 기상하는 사람이 6시에 기상하면 하루가 24시간에서 26시간으로 늘어난다. 5시에 기상하면 28시간이 된다. 물론 기상 시간을 당기는 것은 쉬운 일이 아니지만 그만큼 노력에 따르는 보상과 가치는 이루 말할 수 없이 크다. 21일간 하루 3분씩 기상 시간을 당기면 21일 뒤에는 평소보다 1시간이나 기상 시간이 당겨진다. 덕분에 하루를 여유롭고 알차게 시작할 수 있다.

채소나 과일을 살 때 그것을 보는 눈이 없으면 다 비슷해 보인다. 하지만 그것을 볼 수 있는 눈을 가지고 있다면 채소나 과일의 상태가 구분이 가능해진다. 이와 마찬가지로 24시간을 잘 보면 신선하고 건강한 큰 시간 상자가 있다. 이 시간을 잘 활용하면 생각보다 많은 일을 처리할 수 있고, 성취감으로 가득 채워진 하루를 보낼 수 있다. 황금알을 낳는 거위가 숨어들어 간 시간 상자를 찾아 우리도 시간 부자가 되어보자.

21 긍정과 부정의 적당한 밸런스

우리는 어떤 일을 시작할 때 의욕에 넘쳐서 계획을 세운다. 계획대로 착착 진행해 계획한 기간 안에 꼭 이루고 말겠다는 의지와 자신감으로 똘똘 뭉쳐있다. 그러나 현실에서는 많은 문제와 장애물이 우리를 기다리고 있다.

왜 나만 계획대로 되지 않는 것일까? 영국의 리처드 와이즈먼 심리학 교수의 연구에서 그 답을 찾을 수 있다. 영국 허트포드셔대학교의 와이즈먼 교수는 영국 시민 3,000명을 모집해 1년 동안 '생각과 행동의 연관 관계'를 연구했다. 새해 초 '당신은 새해의 결심을 지킬 수 있는가?'라는 질문에 참여자의 52%가 '지킬 수 있다'라고 답했다. 그러나 실제로 성공한 사람은 약 12%인 350명 정도였다.

그럼 왜 이렇게 성공률이 낮은 것일까? 이는 호프스태터의

시간

목표

계획

행동

피드백

법칙에서 그 원인을 찾아볼 수 있다. 더글라스 리처드 호프스태터는 퓰리처상을 받은 미국의 인지과학자이다. 호프스태터의 법칙은 쉽게 설명하면 '어떤 일을 마치는 데 예상한 것보다 오랜 시간이 걸리는 현상'을 일컫는다.

1994년 캐나다 사이먼프레이저대학교의 심리학자 로저 뷸러는 논문제출 실험을 통해 호프스태터의 법칙을 증명했다. 로저 뷸러 교수는 심리학과 학생들에게 졸업논문을 마치는 데 얼마의 시간이 소요될지 세 가지 경우를 예측해보라고 했다. 첫 번째는 최선일 경우, 두 번째는 낙관적일 경우, 세 번째는 정말 안 좋은 상황의 연속인 비관적일 때(다리를 다치거나, 부모님이 돌아가시거나 등등 최악의 조건일 때)이다. 학생들은 첫 번째는 27.4일, 두 번째는 33.9일, 세 번째는 48.6일이라고 답했다. 이후 실제 제출한 날짜의 평균은 55.5일이었다. 최선일 경우보다 28.1일이, 낙관적인 경우보다 21.6일이 더 걸렸다. 이 실험에서 놀라운 점은 아주 비관적일 때보다 6.9일이 더 걸렸다는 것이다. 계획보다 실제 시간이 모두 더 늘어났다.

이런 현상에 심리학자이자 행동경제학자인 대니얼 카너먼과 아모스 트버스키는 '계획오류'라는 이름을 붙였다. 그들은 "계획오류는 계획을 세울 때부터 시작된다"라고 말했다. 계획오류는 앞으로 닥칠 일에 대한 낙관적인 전망 때문에 실제 계획했던 일보다 더 큰 비용과 노력이 들어가는 오류를 말한다. 계획오류의 유명한 예로 호주 시드니의 오페라 하우스를 손꼽는다.

푸른 바다와 잘 어울리는 오페라 하우스는 1956년 국제 공모전에서 덴마크의 신예 건축가 요른 웃손이 1등에 당선되어 오페라 하우스의 설계를 맡게 됐다. 1958년 3월에 디자인 초안을 공개했고, 이듬해 3월 기공식이 열렸다. 당시 빠른 착공을 위해 패스트 트랙 방식으로 3단계 공사가 진행되었다. 1단계 기초 및 토대공사, 2단계 셀 모양의 지붕 구조체를 만들고 타일을 붙이는 공사, 3단계 벽체와 내부 공사로 나눠 설계를 부분적으로 완성해가기로 했다. 그러나 설계와 시공을 병행하는 과정에서 오류와 시행착오가 많이 발생했다. 이 과정에서 원래 계획했던 1963년보다 공사 기간이 길어지고, 초기 예산이었던 700만 호주 달러로는 어림도 없었다. 준공 이후 1974년 호주 정부가 공식 발표한 보고서에 따르면 이 공사에 들어간 총비용은 1억 200만 호주 달러였다. 당초 예산 대비 14.5배 정도의 비용이 들어갔고, 공사 기간도 계획했던 것보다 10년이나 늘어났다.

그렇다면 이런 계획의 오류를 잡는 방법은 없을까? 미국 뉴욕대학교의 가브리엘 외팅겐 교수는 계획의 오류를 제거하고 원하는 결과물을 얻는 방법으로 이상실현 이론을 제시했다. 외팅겐 교수는 9개의 주제(금연, 금주, 운동, 자격증 취득 등등)를 주고 도전하려는 사람을 세 그룹으로 나누어서 테스트를 진행했다. A그룹은 먼 미래와 가까운 미래 모두 긍정적으로 바라보는 그룹, B그룹은 먼 미래와 가까운 미래 모두 부정적으로 바라보는 그룹, C그룹은 먼 미래는 긍정적으로 바라보고 가까운 미래는 부정적으로 바라보는 그룹이다.

외팅겐의 이상실현 이론

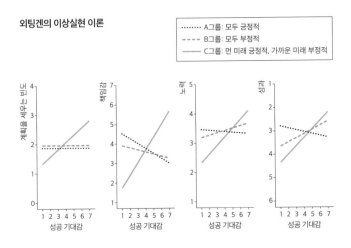

.... A그룹: 모두 긍정적
- - - B그룹: 모두 부정적
——— C그룹: 먼 미래 긍정적, 가까운 미래 부정적

당신은 어느 그룹의 성공 확률이 높을 것이라고 예상하는가? 대부분의 사람은 A그룹이라고 생각할 것이다. 그러나 예상과 달리 C그룹의 성공률이 가장 높았다. '무조건 잘 될 거야'라고 생각하기보다는 '앞으로 잘 되겠지만 지금 열심히 하지 않으면 안 될 수도 있어'라고 생각하는 것이 계획의 오류에서 벗어나 성공 확률을 높일 수 있다는 것이다. 여기서 특이한 점은 A그룹보다 B그룹이 모든 면에서 높게 나왔다는 점이다. 이 실험의 결과가 긍정적인 생각이 나쁘다고 말하는 것은 결코 아니다. 단지 긍정적인 생각에 너무 취해 있으면 성공하지 못할 수도 있다는 것을 일깨워 주기 위함이다.

긍정적인 생각은 늘 가지고 있으면서 지금 하는 일을 해내지 못하면 원하는 목표를 이룰 수 없다고 스스로 다그쳐야 한다. 부정적인 생각이 다른 각도에서 우리를 일깨워 주는 것도 필요하다는 말이다. 긍정과 부정의 적당한 밸런스가 우리를 계획의 오류에서 벗어나 성공으로 한 걸음 다가서게 해줄 것이다.

> 모든 일은 항상 예상했던 것보다 오래 걸린다.
> 심지어 호프스태터의 법칙을 고려해서 계획을 세웠다 해도 말이다.
> - 더글라스 리처드 호프스태터

A——

Action

실행

22 타이머를 활용한 집중시간 늘리기

우리는 넘쳐나는 정보 속에서 살아남기 위해 멀티태스킹(동시에 여러 가지 일하기)의 유혹에 쉽게 넘어가고 그것이 효율적이라 생각한다. 하지만 인지심리학에서 수십 년간 인간의 멀티태스킹에 대해 연구한 결과, 인간은 멀티태스킹을 할 수 없다는 결론을 내렸다. 단지 뇌가 빠르게 스위칭을 할 뿐 동시에 두 가지 일을 할 수 없다는 뜻이다. 즉 우리 뇌는 한 번에 한 가지 일밖에 못 한다는 것이다.

영화를 보면서 팝콘을 먹는 것과 팝콘의 맛에 집중하면서 먹는 것, 둘 중 어느 것이 더 많이 팝콘을 먹을까? 재미있는 영화나 드라마를 보면서 팝콘을 먹으면 평소에는 먹기 힘들 정도의 많은 양을 먹을 수 있게 된다. 우리는 흔히 혼밥을 할 때 스마트폰 등을 보면서 먹는다. 먹고 나면 뭔가 허전해서 또 군

것질할 것이 없는지 계속해서 찾는다. 먹는 것에만 집중하면 뇌가 충분히 맛을 느낄 수 있고, 어느 정도 먹으면 그 양을 뇌 스스로 체크해 배가 부르다는 신호를 보낸다. 그러나 자신이 좋아하는 재미있는 영상을 보면서 식사를 하게 되면 뇌는 한 번에 두 가지를 처리하지 못하기 때문에 영상에 더 흥미를 느낀다. 그리고 음식의 맛과 양을 제대로 체크하지 못하게 되어 먹고 나면 배는 부르지만 뭔가 공허한 기분이 들게 된다.

한 번에 두 가지 일을 모두 잘하고 있는 듯한 착각에 빠지지만, 실질적으로는 두 마리의 토끼를 모두 놓치고 있다. 우리의 뇌는 한 번에 한 가지만 처리할 수 있으나 구조적으로는 한 가지 일에만 집중하기 힘들게 되어 있다. 많은 생각이 자꾸 끼어들어 집중을 방해한다. 걱정과 두려움으로 생기는 많은 생각은 생존과 연관되어 있다. 우리 뇌는 늘 주변 상황에 위험물이 있는지 없는지를 체크하고 발 빠르게 대응하여 생존을 위협하는 것들을 미연에 방지하도록 설계되었다. 그래서 우리는 늘 자잘한 걱정을 하며, 온종일 오만가지 생각에 휩쓸려 살아간다.

우리가 한 가지 생각만 하며 집중한다는 것은 쉬운 일이 아니다. 생각보다 우리의 집중시간은 그리 길지 않다. 미국 캘리포니아대학교의 글로리아 마크 박사가 첨단기업 임직원과 프로그래머의 일과를 스톱워치로 일일이 체크하며 분석한 결과,

단절 없이 업무에 집중하는 시간이 평균 11분에 불과한 것으로 나타났다. 우리는 정해진 시간 안에 많은 일을 처리하기 위해서 이 짧은 집중시간을 늘려야 한다. 한 번에 많이 늘리기보다 각자의 집중력에 맞추어 천천히 늘려가는 것이 좋다. 평소에 집중이 잘 안 된다면 처음에는 15분부터 시작한다. 짧은 시간이라고 생각하겠지만 15분 동안 단 한 번의 잡생각 없이 오롯이 집중할 수 있는 사람도 많지 않다. 책을 읽을 때나 간단한 업무를 할 때 15분 동안 타이머를 맞추고 시작한다. 잡생각 없이 잘 집중할 수 있다면 집중시간을 25분으로 늘린다. 그리고 또 잘 되면 50분으로 늘린다. 처음에는 짧게 설정했다가 점차 늘려간다.

자꾸 잡생각과 걱정이 끼어든다면 15분 동안 아무 일도 일어나지 않을 거라고, 걱정하지 않아도 된다고 뇌를 안심시켜야 한다. 만약 어떤 문제가 있을 때 15분 안에 해결할 수 있는 일인지를 파악해서 처리할 수 있는 일이면 바로 해결한다. 그렇지 않다면 지금 당장 풀 수 없는 문제라고 인식한 후 15분 뒤에 다시 그 문제를 생각하자고 뇌에 이야기한다.

이러한 'OTOD(One Time One Do : 한 번에 하나씩)' 집중 훈련을 위해서는 타이머를 사용하는 것이 좋다. 이는 마감 시간 효과를 이용한 것이다. 마감 시간 효과는 과제, 시험, 프로젝트를 비롯한 어떠한 일을 함에 있어서 시간의 제한이 주어진 무언가를 하게 되었을 때 마감 시간 직전에 가까울수록 일의 능률이 기하급수적으로 상승하는 효과를 말한다. 타이머를 이용해 15분 집중하고 5분 휴식하는 트레이닝을 반복하면 할수록 집중력이 좋아지고 시간이 생각보다 짧게 느껴질 것이다. 그만큼 집중력이 좋아졌다는 뜻이다.

여기서 잊지 말아야 할 아주 중요한 규칙이 있다. 이 트레이닝을 하면서 쉬는 시간 5분을 반드시 지켜야 한다는 것이다. 5분 동안 그 자리에서 잠시 벗어나거나, 멍하니 창밖을 바라보면서 일에서 잠시 떠나 두뇌를 쉬게 해준다. 쉬는 시간에 인터넷 서핑이나 게임, SNS 등을 해서는 안 된다. 이는 쉬는 게 아니라 뇌를 다시 사용하는 것과 같다. 집중하느라 고생한 뇌를 편안하게 이완해 주어야 한다. 뇌가 아무것도 안 하도록 해주는 것이 이완이다. 꼭 정해진 휴식 시간에만 쉬어야 한다. 2~3시간 정도 집중했을 때는 조금 길게 쉬고, 그 외에는 반드시 시간을 지켜야 한다. 5분간 쉰다는 것은 뇌의 휴식이다. 이런 중요한 휴식을 통해서 뇌는 다음 15분을 더욱더 활기차게 집중, 몰입할 수 있다.

23 세 명의 하인을 길들여라

어느 날 밤, 밖에서 대문을 두드리는 소리가 들렸다.

"누구세요?"

"도와주세요…."

문밖에는 세 명의 사람이 서 있었다. 한 명은 아주 냉철해 보이며 이마에 빛이 나는 사람, 한 명은 가슴에 해를 품고 있는 듯 부드럽고 따뜻해 보이는 사람, 마지막 한 명은 강철 같은 다리를 지닌 사람이었다. 이들은 모두 장님이었다.

나는 놀라서 "무슨 일이 있으신지요?"라고 물었다.

"길을 잃었습니다. 여기저기에 문을 두드렸지만 다 거절당했습니다. 당신이 저희를 받아준다면 저희 셋은 당신을 위해서 열심히 일하겠습니다."

마침 방이 비어 있었던 터라 그들을 받아들이기로 했다. "원숭이와 단둘이 살고 있는데, 혹시 괜찮으시다면 들어와 지내셔도 됩니다"라고 하자 그들은 연신 고맙다고 인사하며 집으로 들어왔다. 며칠 식사도 제대로 못 한 것처럼 보여 따뜻한 식사와 마실 것을 챙겨주고 나는 잠이 들었다. 밖에서 바스락거리는 소리에 잠이 깨어 침대에서 일어나 거실로 나갔을 때 나는 깜짝 놀랐다. 거실 바닥, 소파, 책장, 싱크대 등 집안 전체가 반짝반짝 빛이 나 있었다. 그들이 아침 일찍부터 나를 위해 집안 전체를 깨끗하게 청소해 놓은 것이다. 거기에다 근사한 아침 식사까지 차려 놓았다. 우리는 모두 모여 아침을 먹고 이야기를 나누었다.

첫 번째 사람의 이름은 'T'였다. 이마에 빛이 났던 이유는 생각이 아주 깊고 명확해서 아즈나 차크라(눈과 눈 사이 미간)의 주변에서 빛이 난 것이다. 두 번째 사람의 이름은 'E'였다. 따뜻하고 감성이 풍부하며 필이 충만하여 어디로 튈지 모르나 인간적으로 보이는 사람이었다. 세 번째 사람의 이름은 'W'였다 다리가 강철처럼 튼튼해 보이고 맘먹은 일은 무슨 일이든지 해낼 것 같은 자신감이 넘치는 사람이었다. 그들은 여기가 너무 좋아 나랑 같이 살고 싶다며 시키는 일은 무엇이든지 전부 다 할 테니 여기 있으면 안 되느냐고 부탁했다.

뜻밖에 세 명의 하인이 생기게 되었다. 나는 그날 이후 평소와 다름없이 지냈지만, 그들 덕분에 무엇인지 모르게 주변

일이 깔끔하게 정리되고 조금씩 스마트해지는 느낌이 들었다.

그렇게 안정적으로 보내던 어느 날, 회사 일을 마치고 집으로 들어선 순간 깜짝 놀랐다. 깨끗했던 집이 엉망이 되어버린 것이다. 알고보니 나랑 같이 사는 원숭이(instant gratification monkey)가 세 명의 하인에게 내 목소리를 흉내 내어 장난을 친 것이었다. 그들은 장님이었기에 원숭이가 나인 줄 알았던 것이다. 세 명의 하인이 원숭이에게 속은 날에는 여지없이 집 안은 엉망이 되었고, 그들은 할 일을 하지 않고 놀다 쓰러져 잠이 들곤 했다.

더 이상 참을 수가 없어 세 명의 하인에게 나와 원숭이를 구별하는 방법을 가르쳐 주었다. 원숭이는 '순간의 만족'을 아주 좋아하며, 나는 '나중의 만족(만족 지연)'을 좋아한다고 설명해 주었다. 처음에는 힘들었지만 그래도 포기하지 않고 끝까지 훈련해 나갔다. 그 후 세 명의 하인은 나와 원숭이를 구별할 수 있게 되었고 집안이 아주 깔끔하게 잘 정리되었다.

시간관리를 잘해서 원하는 결과를 얻고 싶다면 우리는 우리 안에 사는 세 하인을 잘 이끌어야 한다. 첫 번째 하인 T는 '사고'이다. 사고는 늘 밝고 긍정적이며 건설적으로 생각하는 습관을 기르도록 훈련하는 것이 좋다. 우리의 생각이 처음부터 긍정적으로 세팅되어 있으면 좋겠지만 약간 부정적으로 세팅되어 있다. 그 이유는 부정적으로 바라보고 생각하는 것이 생존에 꼭 필요하기 때문이다.

원시시대의 생활을 살펴보면 이해가 쉽다. 풀숲에서 무엇인가가 꿈틀대는 소리가 들리면 의심의 눈초리로 바라보고 주변을 끊임없이 경계해야만 오래 살아남을 수 있었다. 그러나 우리는 이제 더 이상 초원이나 들판에서 살지 않는다. 부정적인 생각이 지나치면 쇠붙이의 녹처럼 자신을 갉아먹는다. 부정적인 생각은 자신의 의지를 꺾어서 아무것도 할 수 없는 무기력한 상태로 우리를 가두어 버리기도 한다.

따라서 부정적인 생각이 들면 초반에 빨리 없애야 한다. 그 방법이 '생각 부러트리기'이다. 늘 원하는 목표에 집중하면 좋지만, 순간순간 부정적인 생각이 들 때가 있다. 이때 바로 부정적인 생각을 부러트려 멀리 던져버리고 생각만 해도 기분이 좋아지는 것을 상상한다. 생각 부러트리기를 통해 부정적인 생각을 빨리 없애고 긍정적인 생각으로 빠르게 대처하는 것이다.

두 번째 하인 E는 '감정'이다. 감정은 생각보다 힘이 세다. 생각과 감정이 충돌하면 감정의 승리로 끝난다. 이성 친구를 사귈 때 이 사람을 선택하면 안 되는데 하면서도 마음이 자꾸 끌리는 경우가 있다. 이때는 감정이 이성을 이기기 때문에 사귀게 될 확률이 높다. 쇼핑할 때도 마찬가지다. 백화점에서 마음에 드는 빨간색 가방을 봤다. 머릿속으로 생각한다.

'이번 달 지출이 커서 빨간색 가방을 사면 안 되는데…. 하지만 지난번에 산 구두와 너무 잘 어울리는 것 같아. 다른 지출에서 아끼고 이번에는 사자.'

마음에 꽂히게 되면 그 이후에는 어쩔 수 없이 그 감정에 이끌려 다니게 된다. 마음에 꽂히기 전에 사고가 깨어 있어 유혹을 막아내야 한다. 내면에서 유혹의 말(이번 딱 한 번만, 한입만, 조금만 등)이 올라오는 순간 '그래, 정말 이번에 하고 싶구나. 그런데 이번에는 조금 힘들 것 같아. 한 번만 참고 다음에 꼭 하자'라고 공감해주고 살짝 비켜나가는 것이 좋다. 공감해주지 않으면 감정은 이성을 넘어서 헐크로 변신해 자신이 하고 싶은 대로 하고 만다. 그렇기에 꼭 마음을 알아주고 달래주어야 한다. 감정은 정면승부를 피하고 우회해서 이야기하는 것이 좋다.

마지막 하인 W는 '의지'이다. 의지는 어떤 일을 하려고 할 때 끈기와 지속하는 힘을 우리에게 공급해준다. 이 의지는 작은 성공과 성취감을 먹고 산다. 어떤 일을 잘 마무리하고 끝내면 의지는 점점 커지고, 반대로 어떤 일을 끝맺지 못하거나 중도에 포기하면 의지는 점점 더 약해지고 작아진다. 따라서 어떤 일을 하기 위해 마음먹고 스스로 약속할 때는 신중해야 하며, 자신이 원하는 것을 목표로 정했으면 반드시 이루어내야 한다. 그렇지 않고 중간에 포기하거나 끝까지 이루지 못 하는 일이 반복되고 쌓이면 의지는 힘이 없어지고 작아져 어떤 일도 할 수가 없게 된다. '나는 아무것도 할 수 없어'라는 심각한 늪에 빠지면 쉽사리 헤어 나올 수 없다.

어떤 일을 계획할 때는 반드시 그 일을 해낼 수 있는 능력과 조건으로 계획해야 한다. 예를 들어, 독서를 계획할 때 하루에 30페이지 정도 읽을 수 있는 조건이라고 해도 계획은 10페이지로 세우는 것이 좋다. 그리고 시간이 되면 나머지 20페이지를 읽는다는 계획을 세우면 된다. 언뜻 보기에는 똑같은 것 같지만 의지의 측면에서 보면 아주 다르다. 30페이지를 매일 읽어나간다면 차이가 없겠지만, 그렇지 않을 때는 큰 차이를 보인다. 의지는 자신과의 약속을 지키는 것을 통해 강력해진다. 그래서 우리는 스스로 잘 지킬 수 있는 최소한의 목표치로부터 시작해야 한다. 이 방법은 의지를 잃지 않고 목표를 달성하는 데 아주 중요한 역할을 한다.

이와 같이 우리 안에 있는 '사고(T) · 감정(E) · 의지(W)'의 세 하인을 잘 이해하고 그때그때 상황에 맞추어 이끌 수 있다면 우리는 유혹에 덜 빠지고 더욱 쉽게 원하는 목표를 이룰 수 있을 것이다.

24 Say NO!

무한 경쟁 속에서 가치 있는 것만 살아남는 전쟁이 시작되었다. 가치 없는 것은 빠른 속도로 사라지고 가치 있는 것만 살아남아 인기를 독차지하고 있다. 다이아몬드와 사탕, 당신에게는 무엇이 더 가치 있는가? 사람에 따라 물건의 가치가 다르다. 그 물건을 선택하는 사람이 물건의 가치를 정한다. 그렇다면 당신의 가치는 누가 정하는가? 당신의 가치를 세상이나 주변 사람들이 정하도록 하는 것은 칼자루를 다른 사람에게 맡기고 당신은 칼날 끝에 서 있는 것과 다름없다. 당신의 가치는 어느 누구도 아닌 스스로가 정해야 한다.

주변에 보면 언제나 부탁을 들어주는 사람이 꼭 있다. 물론 누군가를 돕는다는 것은 좋은 일이며 아름다운 일이다. 하지만 오지랖이 넓어 자신의 일보다 다른 사람들의 일에 더 신경

쓰거나 타인의 부탁을 매번 거절하지 못하면 이야기는 조금 달라진다. '착한 것과 만만한 것'은 다르다. 예를 들어, 가족과 함께 비행기를 타고 유럽 여행을 가던 중 비행기의 기체 이상으로 비상 착륙을 해야 하는 상황이다. 비상벨이 울리고 산소 마스크가 나왔다. 옆에 앉아 있는 아이 먼저 해주어야 할까? 아니면 자신이 먼저 해야 할까? 우리가 다 알고 있는 것처럼 자신이 먼저 하고 난 후 아이를 해주어야 한다. 자신의 안전을 확보한 후에 다른 사람을 도와야 한다. 그렇지 않고 다른 사람을 먼저 도와주다 보면 둘 다 위험한 상황에 처할 수 있다.

자신의 목표를 이루고자 할 때도 마찬가지다. 우리는 목표를 이룰 때까지는 조금 이기주의자가 되어야 한다. 주변의 많은 일이 끼어들어 정신을 못 차리게 하는 순간에도 우리는 적절하게 거절하고 목표에 집중할 수 있어야 한다. 끼어드는 일들의 정글 속에서 살아남기 위해서는 우리의 길을 가로막는 것들을 잘 쳐내고 정리해야 한다. 그래야만 원하는 목표를 이룰 수 있다.

스티브 잡스는 "집중이란 '아니오'라고 말하는 것이다"라고 이야기했다. 실제 그는 1997년 회사에 복귀한 이후 2년 동안 애플에서 생산하는 제품의 가지 수를 350개에서 10개로 대폭 줄였다. 340개의 제품에 "아니오"라고 말한 것이다. 그는 "혁신은 1,000번의 '아니오'에서 시작된다"라는 명언을 남겼다.

그는 남다른 성과를 원했고 그것을 얻기 위해서는 단 한 가지 길밖에 없다는 것을 알았다. 스티브 잡스는 거절이 집중의 핵심임을 알고 있었던 것이다.

하루를 보내는 동안 수없이 많은 일이 가고자 하는 길에 끼어들어와 우리의 가치를 뒤흔들어 놓으려 한다. 이때 정신을 바짝 차리고 일단 'Say NO'를 해야 한다. "지금은 조금 곤란합니다, 당장은 조금 어려울 것 같습니다" 등등 일단 거절하려고 노력해야 한다.

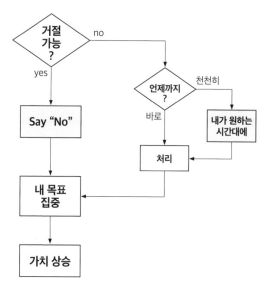

끼어드는 일 처리 로직

위의 그림은 끼어드는 일을 처리하는 순서도이다. 거절이

가능한 일이라면 바로 거절하면 된다. 그렇지 못한 일이라면 (사장님이나 직장 상사의 지시사항 등) 언제까지 하면 되는지 기한을 물어본다. 바로 해야 하는 일이면 바로 처리하고, 그렇지 않으면 내가 편하게 처리할 수 있는 자투리 시간을 정해서 하면 된다. 끼어드는 일을 무턱대고 하는 것이 아니라 일단 블로킹하는 것이다. 그것은 일의 흐름과도 연관이 있다. 일에 속도가 붙어 집중하며 열심히 하고 있을 때 어떤 일이 끼어들어 흐름을 막으면 다시 그 흐름을 잡는 데 시간이 걸린다. 미국 캘리포니아대학교의 글로리아 마크 교수는 흐름이 끊긴 일을 다시 돌아와 집중하는 데에는 23분 15초가 걸리며, 이 경험이 반복되면 될수록 두뇌는 스트레스를 받게 된다고 했다.

당신이 원하는 목표를 이룰 때까지 주변에서 끼어드는 일과 쓸데없는 이야기들을 철저히 차단하자. 배구에서 공격으로 득점을 올리기도 하지만 그만큼 중요한 것은 공이 넘어오기 전에 미리 막는 블로킹이다. 블로킹만으로도 득점을 올릴 수 있으며, 이를 공격보다 더 중요하게 생각하기도 한다. 끼어드는 일이 나에게 넘어오지 않도록 잘 막아내고 원하는 목표에 집중하는 것이 중요하다. 따라서 블로킹은 주변의 방해 없이 목표에 집중하는 데 필요한 스킬이다. Say NO를 이용한 블로킹 스킬은 우리가 목표에 더욱 더 집중하도록 도와줄 것이다.

'인생은 한 편의 영화'라고 한다. 영화의 감독도, 배우도, 조명도, 음향도, 편집도 모두 나 자신이 스스로 정한다는 것을 기억하기 바란다. 나의 가치는 스스로 정해야 한다. 우주의 중심이 나 자신이라는 것을 인식하는 순간, 당신의 가치는 더욱더 높아질 것이다.

두뇌 사용 설명서

모든 가전제품에는 사용 설명서가 있다. 그러나 우리는 설명서를 꼼꼼히 읽어보지 않고, 일단 필요한 기능만 찾아 사용한다. 한참을 사용하다 어느 순간, "와~ 이런 기능도 있었네" 하며 놀란다. 우리의 두뇌도 마찬가지다. 놀라운 능력과 기능이 있지만 누가 특별히 사용법을 가르쳐 주지 않기 때문에 생활에 필요한 만큼만 사용한다. 두뇌는 다른 신체 기관과 비교해 아주 신비롭고 독특한 기능을 가지고 있다. 이 기능을 잘 알고 익힌다면 우리 안에 내재된 놀라운 능력들을 손쉽게 키울 수 있을 것이다. 그로 인해 우리는 더 많은 가치를 창출하고 보다 풍요로운 삶을 살 수 있다.

우리의 두뇌는 신체의 약 2%인 1.5kg의 무게를 가지고 있으며, 부피는 1.35L이다. 15cm(가로)×15cm(너비)×20cm(깊

이)로 암흑 상자(두개골) 속에 담겨 있다. 두뇌는 몸무게의 2%
에 불과하지만, 허파가 들이마시는 산소의 20% 그리고 심장
에서 펌프질하는 피의 5분의 1을 사용하는 특징을 가지고 있
다. 신체의 2%가 신체 에너지의 20%를 사용하는 것이다. 이
신비하고 독특한 두뇌의 특징을 한마디로 표현한다면, "두뇌
는 이기적인 바보 슈퍼맨이다"라고 할 수 있다. 이런 두뇌의
세 가지 특징에 대하여 알아보자.

첫 번째 특징은 상당히 이기적이라는 것이다. 두뇌는 딱 한
가지만을 위해서 엄청나게 일을 한다. 그 한 가지는 바로 '생
존'이다. 두뇌는 생존만을 위해서 이기적으로 일을 하고, 생존
에 위협받는 순간에는 슈퍼맨으로 변신한다. 평소에는 할 수
없었던 일도 생존에 위협을 받는 상황에서는 놀라운 능력과
힘을 발휘한다. 생존과 관계되는 일이라고 판단되면 엄청난
에너지를 쏟아붓는 것이다.

예를 들어, 어떤 사람이 변화하고 싶어 하는데 이 변화가 생
존에 꼭 필요한 변화라고 두뇌가 판단되면 두뇌는 신체에 "변
화를 받아들이고 실행하라"라고 명령한다. 그러나 이 변화가
생존과 별로 관련이 없다고 판단되면 그 변화에 완강히 버티
며 기존에 했던 방식을 고수한다. 따라서 정말 변화하고 싶다
면 두뇌를 잘 이해하고 설득해야 한다. "이번 변화가 생존과
많이 연결되어 있어. 이번에 변화하지 못하면 생존에 위협을

받을 수 있어"라고 이해시키면 변화할 가능성이 커지게 되는 것이다. 생존에 위협받을 만한 상황이 되면 뇌는 비상사태 사이렌을 울려서 이번 위기를 극복할 수 있도록 모든 신체 기관에 협력을 명령하여 진두지휘한다.

반면 그렇지 않은 상황에서는 두뇌가 꼼짝도 하지 않는다. 이럴 때는 '무궁 작전'을 펼쳐야 한다. 두뇌 속에는 생존 퍼즐 같은 것이 존재한다. 특별한 상황이 아닌 평범한 상황에서 정중앙의 퍼즐 조각을 바꾸려고 하면 두뇌는 생존의 큰 위협인 줄 알고 크게 저항한다. 그래서 중심의 조각을 바꾸려 하면 변화를 이끌어내기가 쉽지 않다. 따라서 변화에 성공하려면 눈에 잘 띄지 않는 테두리의 작은 퍼즐부터 바꿔야 한다. 이 퍼즐은 생존에 크게 지장이 없기 때문에 다른 것에 비해 바꾸기가 수월하다. 두뇌의 생존 본능을 건드리지 않는 아주 작고 사소한 것부터 변화를 시도하도록 노력하면 성공 확률이 높아진다.

예를 들어, 7시에 일어나는 사람이 갑자기 5시에 일어난다면 뇌가 무슨 일이 있는지 오감을 곤두세우고 3일 동안 놀라서 지켜본다. 3일 동안 특별한 일이 일어나지 않고, 현재 상황이 생존에 위협이 되지 않는다면 3일 뒤에는 생존과 관계없는 일이라고 판단하여 다시 원래 했던 생활 방식으로 신체 모두를 되돌려 놓는다. 이때 필요한 것이 무궁 작전이다. 이 작전은 두뇌가 변화를 인지하지 못하도록 조금씩 움직여 변화에 성공하는 방식을 말한다. 아주 조금씩 움직이는 것이 포인트다. 무궁 작전은 '무궁화 꽃이 피었습니다'의 게임에서 술래를 두뇌로 여기고 슬기롭게 변화를 시도해 성공하는 것이다.

기상 시간을 앞당기고 싶을 때 한 번에 욕심을 부리고 7시에서 5시로 많이 차이 나게 계획을 잡으면 두뇌의 생존 시스템 센서에 바로 걸리게 된다. 두뇌와의 게임에서 이기기 위해서는 변화의 보폭을 최소화하고 짧게 나누어 시도하는 것이 좋다. 보통 7시에 기상한다면 첫날은 6시 59분, 다음 날은 6시 58분… 이런 식으로 뇌가 변화를 알아차리지 못하게 아주 조금씩 변화의 간격을 세팅하는 것이다. 그러면 뇌는 작은 변화를 대수롭지 않게 생각하고 크게 반응하지 않는다.

회화 문장을 외울 때도 마찬가지다. 하루에 20문장씩 외우는 것이 목표이면 그림 A처럼 처음부터 무리하게 20문장씩 암기하는 것을 계획하기보다는 B처럼 조금씩 나누어서 계획을 잡는 것이 좋다. 두뇌가 눈치채지 못하게 조금씩 늘려가며 암기하면 생각보다 수월하게 20문장 암기에 성공할 수 있다.

목표달성 방법 비교

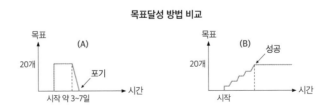

　자기 스스로 절제력과 끈기를 체험해 볼 겸 '기상 시간 트레이닝'을 해보도록 하자. 이 트레이닝의 이름은 '얼리버드 21'이다. 간략하게 말하면 21일 동안 매일 3분씩 빨리 기상하기이다. 쉬운 것 같지만 그리 만만치 않다. 이 트레이닝에 성공할 경우 21일 뒤에는 기상 시간이 1시간 앞당겨진다. 이렇게 작은 성공을 꾸준히 이루어내면 뿌듯함과 성취감을 맛볼 수 있으며, 이 느낌과 자신감이 다음 성공의 밑거름이 될 것이다. 무궁 작전과 두뇌 퍼즐을 잘 활용하기 바란다.

얼리버드 21 트레이닝 체크리스트 예시

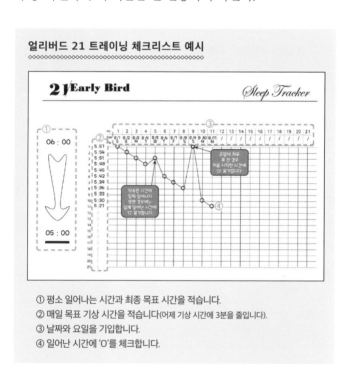

① 평소 일어나는 시간과 최종 목표 시간을 적습니다.
② 매일 목표 기상 시간을 적습니다(어제 기상 시간에 3분을 줄입니다).
③ 날짜와 요일을 기입합니다.
④ 일어난 시간에 'O'를 체크합니다.

두 번째 특징은 부정어를 모른다는 것이다. 두뇌는 부정어를 인식하지 못한다. 실험을 통해 알아보자. 지금부터 지시하는 말을 잘 따라서 한다.

"백곰을 생각하지 마라. 하얀색 곰. 백곰을 머릿속에 떠올리지 마라. 흰 눈처럼 하얀 곰을 생각하지 마라. 머릿속으로 백곰을 생각하지 않는다. 얼음 위에 앉아서 아기곰과 놀고 있는 아주 하얀 곰을 상상하지 마라."

하얀 백곰이 정말 안 떠올랐는가? 아니면 생각을 안 하려고 해도 떠올랐는가? 백곰의 이미지가 머리에 있는 사람이라면 백곰이 떠올랐을 것이다. 이것은 미국 하버드대학교의 사회 심리학자인 다니엘 웨그너 교수가 1987년에 실시한 '웨그너의 흰곰 실험'이다. 다니엘 웨그너는 대학생들을 두 그룹으로 나누어 실험했다. A그룹에는 "흰곰을 생각하라"라고 지시했고, B그룹에는 "흰곰을 생각하지 말라"라고 지시했다. 실험 참가자들은 지시사항에 관한 사고의 빈도수를 체크할 수 있도록 흰곰이 떠오를 때마다 자신의 앞에 놓인 종을 치기로 했다. 대부분의 사람은 A그룹이 B그룹보다 흰곰 생각을 많이 했을 것으로 추측했지만, 정작 종을 더 많이 친 것은 B그룹이었다. B그룹 참가자들은 자꾸만 비집고 들어오는 정체불명의 흰곰 생각 때문에 A그룹보다 훨씬 더 많은 종을 쳤다.

우리 두뇌는 부정어를 받아들이지 못한다. "나는 바보가 아니다"라고 이야기하면 부정어를 인식하지 못하는 두뇌는 "나는 바보다"라고 받아들이게 된다. 그래서 우리는 되도록 긍정적인 단어로 이야기하는 것이 좋다. "나는 실패하지 않을 거야"는 실패를 연상시키고, "나는 사랑하는 사람과 헤어지지 않을 거야"는 헤어짐을 연상시켜 두뇌는 이를 실행하라고 받아들인다.

우리의 생각과 말은 긍정의 씨앗이든 부정의 씨앗이든 반드시 열매를 맺게 되어 있다. 긍정의 말과 생각은 긍정의 열매를, 부정의 말과 생각은 부정의 열매를 맺는다. 성공하고 싶다면 늘 밝고 긍정적인 단어를 많이 사용해야 한다. "나는 시간약속을 잘 지키는 사람이다, 나는 원하는 시간 안에 일을 처리하는 능력을 갖추고 있다, 나는 시간을 지배하는 사람이다, 시간은 나를 위해 일한다" 등 자신에게 플러스가 되는 말을 습관처럼 자주 하는 것이 좋다. 긍정적인 단어들을 사용하여 자신의 삶을 플러스 쪽으로 조금씩 바꾸어 나가길 바란다.

세 번째 특징은 상상과 실제를 구별하지 못한다는 점이다. 암흑의 상자 속에 들어있는 뇌는 빛도 들어오지 않는 어둠 속에서 다섯 가지 감각의 창으로 들어오는 신호들만을 가지고 세상을 인식하고 느끼며 분석하고 판단한다.

어느 여름날 레몬에이드가 먹고 싶어 마트에 가서 아주 시어 보이는 노란색 레몬 10개를 샀다. 집에 도착해서 찬물에 레몬을 깨끗이 씻은 후 도마 위에 올려놓고 잘랐다. 칼이 지나간 자리로 노란빛을 띤 맑은 레몬즙이 쓱 하고 배어 나왔다. 신 레몬즙을 쭉쭉 짜서 유리잔에 담고 탄산수와 얼음을 넣어 흔들었다. 시원한 레몬에이드를 한 잔 마셨더니 기분이 상쾌해졌다. 레몬이나 레몬에이드를 먹어봤던 기억이 있는 사람이라면 입안에 침이 고였을 것이다. 우리 눈앞에 레몬이 없어도 두뇌는 상상과 실제를 구별하지 못하기 때문에 머릿속에는 실제 레몬이 있는 줄 알고 침샘에서 침이 나온다.

상상과 실제를 구별하지 못하는 두뇌의 특징을 스포츠에서도 많이 응용한다. 이미지 트레이닝이 바로 그것이다. 미국 클리블랜드 병원의 신경과학자 광예 박사는 실험자들을 대상으로 상상을 통해 근육을 키우는 훈련을 했다. 실험은 팔이나 손가락을 특정한 부위에 올려놓은 후 마음속으로 '근육을 강하게 수축시키는 상상훈련'을 매회 10~15분 정도 총 50회 반복하는 것으로 진행했다. 4개월간의 훈련 결과, 상상만으로도 평균 15% 정도의 근육이 강화되었다.

캐나다 퀘벡에 있는 비숍대학에서 2007년 발표된 논문인 'Mind over matter : Mental Training Increases Physical Strength'에서 이미지 트레이닝에 관한 실험을 했다. 대학생 중 풋볼, 농구, 럭비 선수인 30명을 선별하여 무작위로 10명씩 A, B, C그룹으로 나누었다. A그룹은 멘탈트레이닝(실제로 운

동은 하지 않고 특정한 운동을 하는 것을 상상)만 했으며, B그룹은
특정한 운동을 실제로 했고, C그룹은 아무것도 하지 않았다.
6주간의 실험이 진행된 후 C그룹은 거의 변화가 없었고, B그
룹은 28%의 체력증진이 일어났으며, A그룹은 24%의 체력증
진이 일어났다.

앞의 논문에서 말하는 것과 같이 우리의 두뇌는 상상과 현
실을 구별하지 못한다. 따라서 일을 시작하기 전에 '나는 일을
능숙하게 잘 처리할 수 있다, 내가 지금 하려고 하는 일은 아
주 쉬운 일이다'라고 생각하면 평소보다 쉽게 일을 끝낼 수 있
다. 긍정적인 변화를 위해서는 이러한 두뇌의 특징을 잘 이용
해 좋은 상상이나 긍정적인 말을 자주 하는 것이 좋다. 그러다
보면 어느 순간, 우리의 삶과 시간이 풍요와 여유로 가득 차 있
는 것을 발견하게 될 것이다.

26 에너지 넘치는 신체 배터리 충전법

조금 오래 쓴 휴대폰은 배터리가 빨리 닳고 충전해도 그리 오래가지 못한다. 하지만 어떤 친구는 비슷한 시기에 샀는데도 배터리 성능이 좋아서 잘 쓰고 있다. 이렇게 차이가 나는 이유는 무엇일까? 그 이유는 배터리 활용법을 제대로 알고 거기에 맞추어 잘 충전하고 관리하며 사용했기 때문이다. 휴대폰을 사용할 때 배터리가 필요한 것처럼 우리는 인생을 살아가는 데 있어 신체라는 도구가 필요하다. 이 둘을 어떤 관점에서 비슷한 공통점이 있다.

배터리와 신체는 에너지를 축적했다가 필요한 순간에 그 에너지를 사용하여 원하는 결과를 얻는다. 사용 중인 배터리가 자주 방전되면 무슨 일을 제대로 처리할 수 없듯이, 인생의 목표를 설정하고 실행하려는 중에 신체가 자주 방전되면 목표를 이룰 수 없을뿐더러 작은 일도 처리하기 어려워진다. 배터리 방전이 자주 일어나게 되면 성능 저하를 가져오고 아무리 충전을 많이 하려고 해도 100%로 되지 않는다. 우리의 신체도 이와 비슷하다. 신체를 무리하게 사용하거나 잘못된 패턴으로 오랫동안 사용하다 보면 피로 누적으로 성능 저하 현상이 생기게 된다. 이러한 현상이 발생하면 잠을 많이 자도 계속 피곤한 상태에 빠진다. 따라서 성능 저하 현상이 발생하기 전에 미리미리 관리하는 것이 좋다. 배터리는 기기변경을 통해 좋은 성능의 배터리로 교체할 수 있지만, 신체는 성능이 떨어져도 바꿀 수가 없다.

그렇다면 에너지 넘치는 신체 배터리 충전법은 무엇일까?

첫 번째, 리듬이다. '규칙적인 생활 습관' 하면 독일의 철학자 임마누엘 칸트가 떠오른다. 그가 살았던 18세기 유럽의 남성 평균수명은 34.5세였다. 그러나 칸트는 80세까지 건강하고 왕성하게 살았다. 그 시대에 80세를 사는 것은 지금으로 환산하면 170세를 사는 것과 같다. 어떻게 하면 이처럼 건강하게 살 수 있을까? 그는 30년 넘게 늘 같은 시간에 일어나 같은 시간에 잠이 들었다. 칸트의 일과는 간단했다. 그는 새벽 5시에 일어나 두 잔의 홍차를 마시는 것으로 시작해 오후 1시까지 8시간은 집필 활동과 강의를 했다. 오후 1시부터 4시까지는 친구들과 점심을 먹었고, 4시부터는 혼자 산책을 했으며,

저녁 10시까지 독서를 즐겼다. 그리고 저녁 10시가 되면 정확하게 잠자리에 들었다.

칸트의 생활 습관에서 보듯이 에너지 넘치는 신체 배터리를 위해 매일 일정한 시간에 잠이 들고 깨는 것은 아주 중요하다. 잠자는 시간이 불규칙하면 같은 시간을 잔다고 해도 피로가 잘 풀리지 않는다. 우리 신체의 몸은 규칙적인 리듬을 좋아한다. 신체의 리듬을 규칙적으로 바꾸면 적은 에너지를 사용해도 좋은 컨디션을 유지할 수 있다. 규칙적인 리듬의 효과는 운동에서도 찾아볼 수 있다. 마라톤이나 줄넘기 등의 운동을 할 때 리드미컬하게 움직여 자신의 페이스를 찾는다면 불규칙한 리듬으로 운동할 때보다 덜 힘들다.

호흡도 좋은 예다. 불규칙한 호흡은 사람을 쉽게 흥분시키며 불안감을 느끼게 하지만, 리드미컬한 호흡은 사람을 건강하게 만들며 안정감을 느끼게 한다. 지금 바로 실험을 해보자. 10회 정도 규칙적으로 심호흡을 해본다. 마음으로 숫자를 세면서 코로 들이마시고 입으로 내쉬어 본다. 이번에는 거칠고 불규칙하게 내쉬어 본다. 확실한 차이를 느낄 수 있을 것이다. 남자의 경우 군대에 가면 건강한 몸으로 거듭난다. 그 이유는 식사와 잠을 때에 맞추어 일정하게 생활하기 때문에 더 건강한 신체로 바뀌는 것이다.

이와 같이 규칙적인 리듬 생활을 위해서는 무엇보다 취침 시간과 기상 시간을 잘 지켜야 한다. 둘 중에 더 중요한 것이 있다면 그것은 바로 취침 시간이다. 하루의 시작은 우리가 일반적으로 생각하는 기상 시간에 있는 것이 아니라 취침 시간에 있다. 취침 시간이 다음 날에 지대한 영향을 주기 때문이다. 첫 단추를 잘못 끼우면 모두가 틀어지듯이 취침 시간을 일정하게 하지 않으면 다음 날의 시간이 틀어지게 된다. 일정한 시간에 취침하는 것은 생각만큼 쉽지 않은 과제다. 잠은 '작은 죽음'이라고 했다. 물론 다음 날 다시 태어날 것을 알지만 자기 직전에 우리는 무엇인가 더 채우고 싶은 작은 욕심이 생긴다.

일정한 시간에 잠을 자는 것이 힘든 이유는 바로 이 작은 욕심 때문이다. 뭔가 아쉬운 마음에 자기 직전 컴퓨터에 앉아서 의미 없는 서치를 하거나 휴대폰으로 SNS를 확인하려고 한다. 그 순간, 우리는 무의미한 시간의 늪으로 빠지게 되면서 1~2시간이 훌쩍 지나버린다. 결국 채워지지 않은 마음으로 피곤함에 이끌려 잠이 든다.

노르웨이 베르겐대학교의 연구진이 발표한 결과에 따르면 휴대폰, 태블릿PC 등 전자기기에 하루 4시간 이상 노출된 경우 그렇지 않은 사람보다 잠자리에 누워 잠이 들기까지 1시간 이상 더 걸릴 확률이 49% 많다고 한다. 또 다른 연구를 살펴보면 영국 유니버시티칼리지 런던의 연구진은 잠들기 전에 약 30분간 SNS를 한 청소년은 그렇지 않은 청소년에 비해 평균

성적이 20% 정도 낮았다고 발표했다. 자기 전에 휴대폰의 빛에 노출된 시간이 2시간일 경우 멜라토닌 호르몬은 22%가량 분비가 억제되어 수면의 질을 떨어드린다는 미국 렌슬레어폴리텍연구소 마리아나 피케로 박사의 연구 결과도 있다.

수면의 질을 높이고 무의미하게 세어나가는 시간을 방지하기 위해서 지켜야 할 것이 있다. 정말 급한 일이 있지 않다면 9시 이후에는 휴대폰을 비행기 모드로 바꾸거나 전원을 꺼놓는다. 알람 때문에 부득이하게 켜놓아야 할 때는 눈에 보이지 않도록 천이나 책으로 덮어둔다. 눈에 보이면 만지게 되고, 만지다 보면 1~2시간이 훅 지나간다. 그래서 되도록 눈에 보이지 않게 하는 것이 좋다. 딱 일주일만 실행해보자. 저녁 이후의 삶이 조금 여유로워지는 것을 경험하게 되며, 잃어버린 시간을 되찾은 느낌이 들게 될 것이다.

두 번째, 취침 시간을 10시 이전으로 세팅한다. 우리는 하루 24시간이 모두 똑같은 시간이라고 생각하지만, 각각의 시간마다 다른 역할과 기능이 있다. 저녁 8~10시는 면역 역할을 하고, 밤 10시~새벽 2시는 회복 역할을 한다. 취침 시간은 수면의 질을 좌우하는 중요한 요소다. 되도록 일찍 자는 것이 좋다. 수면을 유도하는 호르몬인 멜라토닌 분비는 빛에 의해 조절되는데, 어두워지는 저녁 무렵부터 분비되기 시작하여 수면을 유발하고 해가 뜨는 새벽녘에 감소한다. 생체 리듬을 조절하는 멜라토닌의 지시에 따르는 것이 가장 자연스럽고 건강한 수면 방법이라는 것은 두말할 필요도 없다. 그렇기에 되도록 8시에 자는 것이 좋지만, 힘들 경우에는 늦어도 10시 이전에 자는 것을 추천한다.

10시에 일정하게 잠을 자면 하루의 피로가 사라지고 컨디션이 바로 회복된다. 다시 말해 신체 배터리에 100%의 에너지가 충전된다는 말이다. 만약 매일 12시에 잠을 잔다면 그날의 피로를 말끔히 씻어내지 못하고 50%씩 피로가 점점 쌓이게 된다. 50%만 회복되기 때문에 조금 일을 하고 나면 에너지가 빨리 방전되고 쉽게 지친다. 계속해서 12시에 잔다면 배터리의 충전 용량이 점진적으로 줄어든다. 만약 2시 이후에 잔다면 매일 방전된 상태의 몸을 이끌고 하루하루를 살아가는 것과 같다. 젊었을 때는 이 차이가 크게 느껴지지 않을 수 있지만, 누적되면 신체 배터리의 용량이 현격히 줄어 에너지가 넘치기보다는 늘 쉽게 피로해지며 자꾸 눕고 싶어지게 된다. 쉬운 예로, 같은 시간을 잘 때 8시부터 자는 사람은 산삼의 기운을 충전하는 것과 같고, 10시부터 자는 사람은 인삼의 기운을 충전하는 것과 같으며, 2시 이후에 자는 사람은 아무런 기운도 받지 못하는 것과 같다.

'그 사람의 미래는 그 사람의 눈동자에 들어있다'라는 말이 있다. 눈은 간과 연결되어 있다. 피로를 풀어주는 간이 그 사람의 미래와 연관성이 많다는 뜻이다. 눈에서 건강하고 활기 찬 눈빛을 가지고 있느냐, 피로에 쌓여 충혈되고 힘없는 눈빛을 가지고 있느냐는 그 사람의 미래를 결정짓는 중요한 부분이 될 수 있다.

세 번째, 최소 7시간 이상 수면해야 한다. 적정 수면 시간은 사람마다 차이가 있다. 어떤 사람은 8시간을 자야 하고, 어떤 사람은 6시간만 자도 괜찮다. 사람들의 유전자가 다르듯이 수면 시간도 차이가 있다. 그러나 기본적으로 아침에 일어났을 때 머리가 맑고 개운하다는 생각이 없으면 잠자는 시간이 부족한 것이다. 일반적으로 일상생활을 잘 유지하기 위해서는 하루 6~8시간 정도의 잠을 자는 것이 좋다. 이 시간보다 수면이 부족하면 피로가 쏟아지면서 집중력이 떨어지고 운동 능력이 저하되기도 한다. 또한 수면 시간을 줄일수록 비만이 생길 위험이 커진다는 연구 결과도 있다. 적당한 수면 시간보다 더 많은 시간 동안 잠을 자도 그 이상의 효과를 얻지는 못하는 것으로 알려져 있다.

프로젝트 마감일이나 시험이 임박했을 때를 제외하고는 7시간 이상의 수면 시간을 추천한다. 이때 무조건 수면 시간을 줄이거나 늘리기보다는 불필요한 행동을 줄이는 데 집중해야 한다. 7시간을 잔다고 가정했을 때, 밤 10~5시와 새벽 1~8시의 수면 패턴에는 엄청난 차이가 있다. 전자의 경우는 새벽 5~7시에 여유시간이 주어지고, 후자의 경우는 밤 10~12시에 여유시간이 주어진다. 새벽의 2시간과 밤의 2시간은 생산성에서 큰 차이가 있다. 아침 시간에는 건설적이고 희망찬 생각이 잘 떠오르는 반면 밤 시간대는 쾌락적인 생각이 더 잘 떠오른다. 그 이유는 태양의 기운과 연관이 있다고 볼 수 있다. 수 천 년 동안 우리는 태양의 영향을 받으면서 살아왔기에 새벽에 떠오르는 태양의 기운으로 우리는 긍정적이고 밝은 생각을 하게 되는 것이다.

시간관리에서 수면관리는 빼놓을 수 없는 부분이다. 수면관리가 빠진 시간관리는 한다고 해도 그리 오래가지 못한다. 그만큼 중요한 역할을 한다. 수면 시간을 일정하게 컨트롤하면 일단 시간관리의 기초 작업은 다진 것이나 다름없다. 시간관리는 자신이 하고 싶은 대로 하려는 마음을 절제하며, 하고 싶지 않지만 미래의 중요한 일을 '지금' 하는 것이다. 그중 가장 관리하기 힘든 것이 잠과 식사다. 잠과 식사를 절제하고 컨트롤 할 수 있다면 시간관리의 반은 성공이라고 볼 수 있다. 스스로 이겨내고 단련한다면 보다 풍요로운 삶이 기다리고 있을 것이다.

27 자신을 단련하는 절제력

절제력은 시간관리를 통해 목표를 성취하고자 하는 사람에게 꼭 필요한 자질이다. 많은 사람이 이점을 인식하지만, 어떤 방법으로 절제력을 향상하여 유혹을 극복해 나가는지는 잘 알지 못한다. 절제력은 즉각적인 만족감을 선택하는 것이 아니라 장기적으로 더 나은 선택을 지속해서 하는 것을 말한다. 쉽게 설명하면 충동(순간의 작은 만족)과 의지(나중의 큰 만족)의 대결에서 의지가 승리하는 것이다. 이러한 절제력에는 두 가지의 큰 특징이 있다.

첫 번째 특징은 절제력이 고갈된다는 점이다. 유혹에 많이 노출되면 절제력이 점점 낮아져서 나중에는 유혹의 함정에 빠질 확률이 높다. 1996년 미국 케이스웨스턴리저브대학교의 심리학 교수인 바우마이스터는 '절제력 고갈' 현상을 측정하는 실험을 했다. 67명의 실험 참가자를 한방에 모아두고 A그룹에는 갓 구운 초콜릿 쿠키를, B그룹에는 맛없는 래디시(서양 무)를 주었다. A그룹은 맛있는 초콜릿 쿠키를 마음껏 먹었고, B그룹은 초콜릿 쿠키의 유혹을 참고 래디시만 먹었다. 그리고 다른 방으로 이동해서 기하학의 수수께끼를 풀었다. 이수수께끼는 답이 없다. 실험의 목적은 문제 풀기를 포기하는데 얼마의 시간이 걸리는지를 알아보기 위한 것이었다. A그룹은 문제를 포기하는 데까지 20분 정도의 시간이 걸렸고, B그룹은 8분만에 문제를 포기했다. 쿠키의 유혹을 뿌리치는 데절제의 에너지를 사용해서 절제력이 고갈된 것이다.

또 다른 실험으로 2007년 바우마이스터 교수는 두 실험군에 동영상을 보여주면서 A군에는 "동영상에 나타나는 글자를무시하라"라고 주문하고, B군에는 아무런 주문도 하지 않았다. 결과는 A군이 B군보다 혈당 수치가 크게 떨어졌다. "글자를 무시하세요"라는 주문이 인내력이라는 에너지를 사용하도록 하여 에너지 소모를 높였기 때문이다.

우리는 유혹에 많이 노출되거나 피곤할수록 절제력이 고갈된다. 다이어트가 목표라면 먹는 것의 유혹에 노출되는 상황을 되도록 피하는 것이 절제력 고갈을 막을 수 있다. 예를들어, 퇴근하고 집으로 가는 데 두 갈래길이 있다고 가정하자. 한쪽은 먹자골목을 가로지르는 지름길이고, 다른 한쪽은 한적

한 공원으로 돌아가는 조금 먼 길이다. 우리는 절제력의 고갈을 막기 위해서 조금 돌아가는 길을 선택해야 한다. 그렇지 않고 먹자골목의 음식들을 눈으로 보고 냄새를 맡으며 집에 도착하면 절제 에너지가 고갈되어 소식하기로 한 저녁을 더 많이 먹게 된다.

절제력이 유한하고 고갈된다는 점을 안다면 마트에 갔을 때 자신을 유혹하는 물건이나 식품을 파는 쪽으로는 되도록 가지 않는 것이 좋다. 먹을 것의 유혹에 잘 빠지는 사람이라면 밥을 먹고 마트에 가는 것을 추천한다. 배고플 때 가면 먹을 것으로 카트가 가득 찰 수 있다. 또 다이어트가 목표라면 과자나 간식을 애초에 사지 말아야 한다. 사두면 간식에 손이 가는 상황을 피할 수 없기 때문이다.

두 번째 특징은 노력을 통해 절제력을 기를 수 있다는 것이다. 2009년 토드 헤어와 콜린 캐머러는 FMRI(기능적 자기공명 영상 장치)를 통해 절제력을 사용하여 의사결정을 할 때 뇌의 어느 부분이 활성화되는지를 실험했다. 실험 참가자들에게 나중에 큰 금전적인 보상을 받을지, 지금 당장 작은 보상을 받을지, 좀 더 몸에 좋은 음식을 고를지 등의 선택을 하라고 했다. 장기적으로 더 나은 결과를 이끄는 선택을 할 때 배외측 전전두피질에서 활발한 활동이 일어났다. 절제력을 관장하는 뇌의 영역은 생물학적으로 정해져 있다. 충동 조절에 해당하는 배외측

전전두엽의 신경 접합 부위를 꾸준히 연결하고 재조직하면 절
제력이 좋아진다는 것이다. 쉽게 말해 근육처럼 절제력도 강
화될 수 있다는 뜻이다. 절제력을 더 많이 훈련할수록 유혹을
극복하고 목표를 성취할 성공 가능성이 커진다.

　순간적인 충동에 넘어가고 있다는 것을 인식하지도 못한 채
충동에 빠져 본 적이 있는가? 순간의 충동에서 벗어나고 절제
력을 향상할 수 있는 연습으로 '10분 규칙(The 10 minute Rule)'
이 있다. 무엇인가 충동적으로 하고 싶을 때 바로 결정하지 말
고 10분간 기다린 후에 결정하는 규칙이다. 쇼핑을 하다가 훅
마음에 끌리는 것이 있어 샀지만 집에 와서 후회해 본 적이 있
을 것이다. 이렇게 맘에 훅 끌릴 때, 충동을 느낄 때는 바로 결
정하지 말고 한 바퀴 돌고 나서도 사고 싶다면 그때 사도 늦지
않는다. 스스로 이야기하고 충동을 바라보는 시간을 갖는 것
이 중요하다. 충동적으로 이끌리는 것들은 약간의 시차를 두
면 충동이 사라지는 경우가 많다. 충동적인 순간에 10분 규칙
을 이용하여 기다리기를 선택하면 즉각적인 만족에서 벗어나
절제력을 키우고 의사결정 능력을 향상할 수 있다. 어학 공부
나 책을 읽을 때도 10분 규칙을 사용할 수 있다. 공부하다가 쉬
고 싶다는 생각이 들 때, 절제력이 바닥이 날 때는 바로 쉬지
말고 10분만 더 버텨보자. 10분이 힘들다면 5분이나 3분이라
도 괜찮다. 그 버티는 시간만큼 절제력이 훈련되고 강해진다.

절제력을 향상하는 방법으로 미국 코넬대학교의 연구진들은 '눈에서 멀어지면 마음에서도 멀어진다'라는 연구 결과를 내놓았다. 실험 참가자들에게 초콜릿이 들어있는 병을 나누어 주고 네 가지 상황을 설정해서 하루에 초콜릿을 몇 개 먹는지를 체크했다. 투명한 유리병의 초콜릿을 책상 위에 놓은 경우는 하루 평균 7.7개를 먹었고, 180cm 떨어진 곳에 놓은 경우는 평균 5.6개를 먹었다. 그리고 불투명한 유리병의 초콜릿을 책상 위에 놓은 경우는 평균 4.6개를 먹었고, 180cm 떨어진 곳에 놓은 경우는 평균 3.1개를 먹었다. 견물생심이라고 눈에 보이면 먹고 싶은 욕망이 더 생긴다는 것이 실험을 통해 입증되었다.

유혹이 많은 환경에서 일하고 있다면 유혹이 될 만한 것들을 모두 눈에 보이지 않는 곳에 치우고 정리하자. 책상 위를 깨끗이 치우는 것만으로 마음을 정리하는 데 도움이 되고, 마음을 정리하면 절제력을 더 발휘할 수 있게 된다. 절제력은 목표 성취에 있어서 꼭 필요한 부분인 만큼 자신이 어떤 유혹에 잘 흔들리는지를 파악하고 분석해야 한다. 유혹의 노출을 최소화하여 절제력 고갈을 막고, 에너지를 집중하여 원하는 목표를 이루어내기를 바란다. 유혹을 이겨내고 자신을 단련하는 만큼 성장해 있을 것이다.

28 '순간만족원숭이' 길들이기

한 기업의 K 대리는 3개월 후에 과장 진급시험을 본다. 승
진을 위해 남은 기간에 맞춰 계획을 세웠다. 어영부영하다 보
니 한 달이 휙 지나갔다. 남은 2개월에 맞춰 계획을 수정했다.
프로젝트와 일에 쫓기어 시험공부는 하지 못하고 일정은 한
달밖에 남지 않았다. '한 달 만큼은 정말 열심히 공부해야지'
하며 다시 계획을 세웠다. 정신을 차리고 보니 이제 일주일밖
에 안 남았다. 계획을 또 수정했다. 결국 이틀을 밤새워 벼락
치기를 하고 시험을 치렀다. 결과는 예상대로다. 다음 승진 시
험에서는 미리미리 준비해야겠다고 다짐하며 자신을 달랬다.
하지만 다음 시험에서도 이와 같은 일은 반복되었다.

시험뿐만 아니라 과제 제출이나 프로젝트 등에서도 이런 상
황이 자주 발생한다. 이와 같은 법칙을 '파킨슨의 법칙'이라고

한다. 파킨슨의 법칙이란, 어떤 일을 마치는 데에는 마감 시한이 넉넉하든 촉박하든 주어진 만큼의 시간이 든다는 뜻이다. 예를 들어, 학기 초에 기말시험은 보고서로 대치된다고 미리 주제를 주었지만 학기 내내 구상만 하다가 종료 3일 전부터 보고서를 쓰기 시작하고, 종료 당일 오전 7시에 간신히 제출한다. 또 다른 예로, 다음 주 월요일 오전 9시에 임원회의 발표가 예정되어 있다. 주중에는 특별히 일이 많은 것도 아니었는데 보고서 작성이 손에 잡히지 않는다. 토요일에는 친구들과 등산을 하고, 일요일에 텅 빈 사무실에 나와 본격적으로 발표 자료를 만든다.

왜 이런 일이 생기는 것일까? 그 답은 3층으로 이루어진 우리의 뇌 구조에서 찾을 수 있다. 먼저 1층에 있는 뇌간은 '파충류의 뇌'라고 한다. 체온과 맥박을 유지하며 먹고 자고 하는 생명 유지 기능을 담당한다. 2층에 있는 변연계는 '포유류의 뇌'라고 한다. 감정과 기억, 성욕과 식욕을 관장한다. 특히 변연계의 편도체는 인간의 다양한 감정(희로애락)을 담당하는 영역이 있다. 3층에 있는 전두엽은 '영장류의 뇌'라고 한다. 옳고 그름을 분별하고 감정을 조절하며 미래의 계획을 세우고 통제력을 발휘한다.

쉽게 말해서 뇌는 3층 버스로 이루어져 있는데 1층에는 파충류가 살고, 2층에는 원숭이가 살고(원숭이의 이름은 '순간만족

원숭이'이다. 오로지 순간의 재미난 일과 쉬운 일만 한다), 3층에는
사람(조련사)이 살고 있는 것이다. 버스 운전대는 3층에 있다.
2층에 사는 순간만족원숭이는 조련사가 한눈을 팔거나 잠깐
잠자는 사이에 3층으로 자주 올라와 자기 마음대로 버스를 운
전한다.

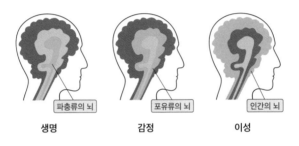

| 파충류의 뇌 | 포유류의 뇌 | 인간의 뇌 |
| 생명 | 감정 | 이성 |

승진시험을 준비하던 K의 뇌 속에 어떤 일이 벌어졌는지 살
펴보자. 시험이 한 달 남았다고 알람이 울렸다. 3층에서 버스
를 운전하던 원숭이는 재빨리 알람을 끄고 조련사의 귀에 "계
속 자도 괜찮아. 조금 더 쉬어"라고 속삭였다. 조련사는 "그래,
괜찮겠지" 하며 잠을 잤다. 시험이 일주일 남았다고 알람이 울
렸다. 또 재빠르게 원숭이가 알람을 껐다. 조련사는 또 잠을 잤
다. 마감 시간이 임박해서야 버스 전체에 사이렌이 울렸다. 조
련사는 이제야 정신이 번쩍 들었다. 눈을 떠보니 버스는 놀이
동산에 와 있었다. 조련사는 성급히 버스를 몰아 목적지로 방
향을 돌렸다. 몇 시간을 운전하니 졸음이 쏟아지지만 졸 수 없

었다. 머릿속으로는 '하루만 더 있더라면 얼마나 좋을까? 아니 반나절만 더 있어도 좋겠다'라고 생각했다. 조련사는 늦은 시간을 만회하기 위해 과속을 했다. 계기판에 빨간 경고등이 들어오고 버스 뒤편에서는 연기가 나지만 빨리 목적지에 도착하기 위해 버스를 극한으로 몰아붙였다. 무리하게 운전해서 타이어는 펑크가 나고 끝내는 시간 안에 도착하지 못했다. 다음에는 절대 이러지 말아야겠다고 다짐했다. 그러나… 또 마감 3일 전에 사이렌이 울렸다.

원하는 목적지로 가기 위해서 우리는 늘 깨어 있어야 한다. 2층에 사는 원숭이가 3층으로 올라오지 못하도록 해야 하는 것이다. 그러나 쉽지 않다. 해야 할 일 때문에 원숭이를 계속 억누르면 결국 폭발하면서 킹콩으로 변신한다. 우리는 킹콩으로 변한 원숭이를 절대 이길 수 없다. 따라서 원숭이와 맞서기보다는 킹콩으로 변하지 않도록 잘 달래가면서 버스를 운전해야 한다. 그러기 위해서는 우리 안에 있는 각자의 순간만족원숭이가 언제 킹콩으로 변하는지, 어떻게 달래주는 것이 좋은지 등을 정확히 알아야 한다. 그래야만 원하는 대로 버스를 운전할 수 있다.

순간만족원숭이가 3층으로 올라올 때 2층으로 내려보내는 방법은 두 가지다. 첫 번째는 보상이다. 원숭이에게 "오전에 잘 참고 제안서를 빨리 끝내면 점심 먹고 맛있는 디저트를 사

줄게, 30분 동안 자료 정리를 말끔하게 하면 바나나우유를 사 줄게"라고 이야기하는 것이다. 이때 주의할 점은 보상이 일하는 것에 비해 너무 크면 더 달라고 난동을 부릴 수 있기 때문에 기다림에 맞는 적절한 보상을 해주어야 한다. 사람마다 원숭이가 다르므로 각자 자신의 순간만족원숭이에 맞는 보상을 하면 된다.

두 번째는 사이렌이다. 3층에서 사이렌이 울리면 원숭이는 겁이 나서 2층으로 도망간 후 올라오지 않는다. 원숭이에게 지금처럼 행동하면 나중에 더 큰 위험이 닥칠 수도 있음을 알리며 미리미리 사이렌을 울려주는 것이다. 파킨슨 법칙을 이용해서 마감 시간을 세분화한 후 사이렌을 자주 울려주면 순간만족원숭이가 3층으로 올라오는 횟수를 줄일 수 있다. 우리는 하루 8시간을 16개의 시간 상자로 세분화할 수 있다. 하나의 상자는 30분(일 25분 + 휴식 5분) 단위로 이루어져 있다. 25분마다 5분씩 휴식을 취함으로써 순간만족원숭이가 갑자기 날뛰는 것을 미리 방지할 수 있다. 16개의 시간 상자에 오늘 할 일을 잘 채워 넣고 실행하면 된다(16타임박스 액션시트, p.219 부록 참고). 이렇게 하루를 보내면 집중도가 점점 향상되어 많은 일을 해낼 수 있다.

'지피지기면 백전백승'이다. 원숭이가 언제 잘 나타나는지를 분석하고 대처하면 더욱 효과적으로 원하는 것을 이룰 수 있다. 다음 그림과 같이 컨트롤 멍키 시트지를 활용하면 된다 (p.220 부록 참고). 순간만족원숭이가 나타날 때를 잘 분석해보면 비슷한 패턴을 발견할 수 있을 것이다.

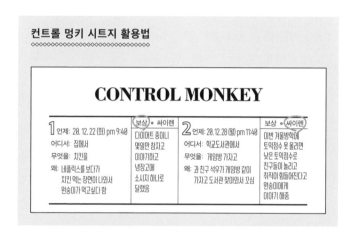

컨트롤 멍키 시트지 활용법

CONTROL MONKEY

| **1** 언제: 20.12.22 (화) pm 9:40
어디서: 집에서
무엇을: 치킨을
왜: 네플릭스를 보다가
치킨 먹는 장면이 나와서
원숭이가 먹고싶다 함 | 보상 • ~~싸이렌~~
다이어트 중이니
몇일만 참자고
이야기하고
냉장고에
소시지 하나로
달랬음 | **2** 언제: 20.12.28 (월) pm 11:40
어디서: 학교도서관에서
무엇을: 게임방 가자고
왜: 과 친구 석우가 게임방 같이
가자고 도서관 찾아와서 꼬심 | 보상 • 싸이렌
이번 겨울방학에
토익점수 못 올리면
낮은 토익점수로
친구들이 놀리고
취직이 힘들어진다고
원숭이에게
이야기 해줌 |

24시간을 함께하는 영원한 동반자인 순간만족원숭이를 잘 이해하고 조련해서 우리가 원하는 방향으로 자신을 이끌어 나아가길 바란다. 놀이동산보다 더 가슴 벅찬 곳이 우리를 기다리고 있을 것이다.

F

Feedback

피드백

하루 5분 피드백

땅에서는 자동차가 다니는 차도가 있듯이 하늘에서는 비행기가 다니는 항로가 있다. 놀랍게도 비행기는 운항 시간 중 99%가 정해진 궤도에 있지 않다고 한다. 바람과 기류, 구름 때문에 위아래로 왔다 갔다 하며 정상 궤도에서 벗어나 있는 것이다. 그래서 자동 항법 장치와 기장은 비행기를 정상 궤도로 되돌아오도록 계속 조정한다. 이렇게 정상 궤도에서 많은 시간 벗어나 있지만 특별한 경우를 제외하고 대부분의 비행기는 정해진 도착시간에 맞춰 목적지에 도착한다.

정해진 궤도   실제 운행 궤도

파리   인천

우리가 목표를 정하고 계획을 세우며 실행해 나가는 것도
이와 비슷하다. 처음부터 계획했던 대로 잘 안 된다. 실수도 많
이 하고 뜻하지 않은 장애물도 만나 계획에서 벗어나는 경우
가 많다. 이때 우리는 목표나 계획, 실행 방법에 대해 빠른 조
율이 필요하다. 이렇게 조율하는 과정의 시작이 '피드백'이다.

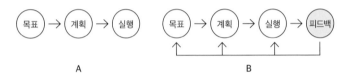

피드백이 있는 것과 없는 것에는 큰 차이가 있다. 그림 A처
럼 피드백이 없다면 목표와 계획, 실행을 그때그때 상황에 맞
추어 바로 수정할 수 없다. 반면에 그림 B처럼 하루나 일주일
단위의 피드백이 있으면 목표와 계획을 조정하고 수정하여 실
행함으로써 목표를 성취할 수 있는 확률을 높일 수 있다. 이처
럼 피드백은 목표를 이루고 스스로 성장하는 데에 중요한 역
할을 한다.

피드백으로 유명한 사람이 있다. 20세기 최고 경제학자이
자 현대 경영학을 창시한 피터 드러커이다. 그는 자신의 성공
비결로 피드백을 꼽았다. 50년 이상 피드백을 해오면서 그 효
과를 볼 때마다 놀랐다고 한다. 그는 18세 때 도서관에서 책을
읽다가 우연히 포교에 대한 비책을 발견했다. 그 책에는 '바로

기대하는 성과를 적어놓고 일정 기간 후에 실제 성과와 기대를 비교한다'라는 구절이 있었다. 그는 이 단순한 비책에 감탄하여 피드백 분석법을 만들고 일생에 걸쳐 이를 실천했다. 피드백 분석은 하루를 돌아보는 것부터 시작한다. 하루 동안 목표달성을 위한 노력을 점검하고, 예상 밖의 성과에서 자신의 강점을 찾아 성장시키는 것이다. 어떤 일을 달성하려면 먼저 자신의 강점이 무엇인지부터 파악해야 한다.

자신의 강점을 확실하게 파악하기 위해서는 피드백을 하는 것이 좋다. 여기에 많은 시간을 투자할 필요는 없고, 단지 잠자기 전에 5분이면 충분하다. '하루 5분 피드백'의 좋은 점 세 가지는 강점의 강화와 집중, 나쁜 습관 개선, 쓸데없는 노력의 배제이다.

하루 5분 피드백 방법

1. 딱 5분만 시간을 낸다.
: 되도록 5분을 넘지 않도록 한다.

2. 하루를 역순으로 되돌려본다.
: 역순으로 하루를 돌려보는 것은 쉬운 일이 아니다. 하지만 꼭 역순으로 해야 한다. 기억력도 좋아지고 집중력도 생기게 될 것이다(치매도 미리미리 예방할 수 있다).

3. 플래너나 노트에 오늘 잘한 점(or 강점) 두 가지와 개선해야 할 점 한 가지를 적는다.
: 하루를 역순으로 되돌아보고 잘한 점이나 강점이 두 가지 이상일 때는 모두 적는다. 그러나 개선할 점은 무조건 한 가지만 적는다. 자신의 장점과 강점에 더 초점을 맞추기 위해서다.

피드백의 핵심 스킬은 관찰과 기록이다. 5분 동안 하루를 되돌아보면 관찰력과 기억력이 상당히 좋아지는 것을 느낄 수 있다. 기록을 통해 적어보면 머릿속에 맴도는 것과 달리 어떤 점이 강점이고 개선점인지 명확하게 보인다. 딱 5분의 시간만 내자. 이 시간이 나머지 23시간 55분을 더 생동감 있고 가치 있게 만들어 준다. 또한 자신의 삶을 객관적으로 바라볼 수 있게 만들어 자신을 한 단계 업그레이드하는 계기가 된다. 소크라테스의 "너 자신을 알라"라는 말이 얼마나 심오한 뜻인지 새삼 깨닫게 될 것이다.

21일의 감사일기

시간을 가치 있고 의미 있게 보내기 위해 필요한 것은 무엇일까? 시간에 대한 감사함을 갖는 것이다. 감사하는 마음은 우리를 삶의 깊숙한 본질로 데려간다. 인생에서 소중한 것이 무엇인지를 깨닫게 해주고, 삶의 초점을 어디에 맞추어야 하는지를 알게 해준다. 더불어 감사하는 마음은 절제력을 키워주어 삶의 균형을 잡아준다.

미국 노스이스턴대학교 심리학과의 데이비드 디스테노 교수는 성인을 대상으로 절제력과 미래의 성공을 연관 짓는 실험을 했다. 그룹1에는 '감사한 마음이 들었던 순간을 떠올리시오', 그룹2에는 '아무런 감정이 없는 순간을 떠올리시오', 그룹3에는 '행복을 느낀 순간을 떠올리시오'라고 지시했다. 몇 분후 참가자들에게 A안(1년 뒤에 100달러를 받는다)과 B안(지금 당장 18달러를 받는다) 중 하나를 선택하라고 했다. 그룹 2와 3은 B안을 더 많이 선택했고, 그룹 1은 A안을 더 많이 선택했다. 그룹 1의 경우 다른 두 그룹에 비해 A안을 두 배 이상 많이 선택했다. 이 실험을 통해 연구진은 "감사하는 마음이 혈압과 심장 박동 수를 낮추고 불안감과 우울감을 감소시켜 미래를 가치 있게 여기기 때문에 절제력이 강해진다"라고 말했다.

일반적으로 우리의 관심은 불균형적으로 부정적인 측면에 기울어져 있다. 뇌 일부가 걱정하도록 만들어져 있기 때문이다. 그래서 잘못된 일에 대해 집중하게 된다. 부정적으로 기울어진 관심을 긍정으로 바꾸는 데 '감사일기'가 하나의 방편이 되기도 한다. 그날의 감사한 일 세 가지를 적는 것은 우리의 관심을 긍정적인 쪽으로 이끌어준다(p.221~222 부록 참고).

긍정심리학의 창시자로 알려진 미국 펜실베이니아대학교 심리학과의 마틴 셀리그만 교수는 감사일기에 대해 실험했다. 인터넷으로 411명의 지원자를 받아 하루에 감사한 일 세 가지를 쓰게 하고 6개월 동안 지원자들의 우울증과 행복감을 계속 체크해 나갔다. 결과는 우울증은 줄어들고, 행복감은 증가했다.

미국의 맥클러 박사는 감사일기를 시험하기 위해 300명의 대학생 지원자를 모집했다. 100명씩 세 그룹으로 나누어 A그룹은 '오늘 일어난 일 들을 모두 적으시오', B그룹은 '오늘 기분 나빴던 일을 모두 적으시오', C그룹은 '오늘 감사했던 일들

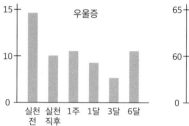
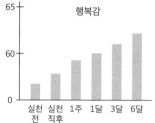

마틴 셀리그만 교수의 감사일기 실험 결과

을 모두 적으시오'라고 각각의 미션을 주었다. 그리고 3주 후에 결과를 발표하기로 했다. A와 B그룹은 다른 때보다 친구들과 더 많이 다투었고, 연인과 헤어지기도 했으며, 위장병이 생겼다고 했다. 반면 C그룹은 3주 동안 너무 행복했으며, 스트레스도 거의 받지 않고, 단 한 명도 병이 난 사람이 없다고 했다. 모두 활기가 넘치고 밝은 표정이었다.

상대성 원리로 유명한 아인슈타인은 학교 다닐 때 라틴어, 지리, 역사 과목에서 낙제 점수를 받아 대학 입학시험에 떨어졌다. 그는 훗날 학자로 유명해지기 전까지 상당히 궁핍한 삶을 살았다. 특히 젊은 시절에는 매우 가난해서 주로 빵 한 조각과 물로 끼니를 해결하곤 했다. 어느 날, 아인슈타인이 식사를 하고 있는데 그의 친구들이 방문했다. 아인슈타인의 초라한 식탁을 본 친구들은 깜짝 놀랐다.

"아니 고작 빵 한 조각과 물 한 잔이 식사의 전부란 말이야?

이렇게 힘들었다면 우리에게 진작 말하지 그랬나."

그러자 아인슈타인은 미소를 띠며 말했다.

"무슨 소리인가. 나는 지금 만찬을 즐기는 중이네. 자 보게나. 나는 지금 소금, 설탕, 밀가루, 베이킹파우더, 달걀에 물까지 곁들여서 식사하는 중이라네. 게다가 좋은 손님들까지 있으니 이만하면 훌륭한 만찬 아닌가?"

아인슈타인의 너무나 자연스럽고 당당한 말에 친구들은 모두 미소를 지을 수밖에 없었다. 아인슈타인은 모든 것에 감사했다. 사람뿐만 아니라 모든 사물에도 감사했다. 실험실에서 비커를 보며 "네가 있어서 이렇게 중요한 실험을 할 수 있어. 고맙다 비커야"라고 말했을 뿐 아니라 시끄럽게 짖는 동네 개에게도 "네가 아침에 짖어 준 덕에 일찍 일어날 수 있었어. 고맙다 강아지야"라고 했다. 아인슈타인이 말년에 고백한 성공 비결은 '감사하는 마음'이었다. 실제로 그는 앞서 위대한 발견을 위해 노력한 과학자들의 노고와 열정을 항상 기억하며 감사를 표했다.

우리도 자신의 하루를 되돌아보며 감사한 일을 찾아 적어보자. 감사한 마음이 하루를 더 건강하고 긍정적으로 바꾸어 우리가 계획한 일들을 잘 풀어줄 것이다. 감사일기는 매일 꾸준히 적는 것이 가장 중요하다. 처음부터 많이 적으려고 하기보다는 첫 주에는 몸풀기하듯이 감사한 일을 하나씩 적고, 그다음 주에는 두 개로 늘려 적는다. 우리의 삶이 전체적으로 어떻게 변하는지 딱 21일 동안만 적어보자.

> 세상에서 가장 현명한 사람은 항상 배우는 사람이요,
> 세상에서 가장 강한 사람은 자기를 이기는 사람이요,
> 세상에서 가장 행복한 사람은 모든 일에 감사하는 사람이다.
> - 탈무드

31 하루를 마감하는 체크리스트

'게임이나 운동은 재미있는데, 공부는 왜 재미없는 것일까?'

그 이유를 피드백에서 찾아볼 수 있다. 게임은 미세하게 조정된 난이도의 스테이지와 유저의 레벨이 있으며, 랭킹이나 점수 등을 바로바로 확인할 수 있다. 운동도 열심히 하는 만큼 실력이 늘어난다. 어제는 턱걸이 10개에 그쳤지만, 오늘 의욕에 불타 15개를 했더니 팔이 그만큼 굵어진 것이 느껴진다. 반면에 공부는 외형적으로 변화의 큰 차이를 못 느낀다. 1시간을 공부하나 3시간을 공부하나 뇌의 크기는 똑같다. 머릿속 뇌세포에 어떤 변화가 생겼는지는 모르나 겉으로는 아무런 변화가 없다. 공부를 하면서도 '내가 잘하고 있는지, 이대로 하면 되는지, 내가 어디쯤 있는지, 어디를 향해 가고 있는지, 얼마나 더 가야 하는지' 도무지 알 수 없다. 즉각적인 피드백이 없으니 힘들고 지루하다.

시간관리도 마찬가지다. 피드백이 바로바로 나타나지 않으면 오래가기 힘들다. 내가 잘하고 있는지, 얼마만큼 해야 하는지, 목표까지는 얼마의 노력을 더 해야 하는지 알 수가 없다. 눈으로 보이는 피드백이 없으면 늘 반복되는 것 같은 하루에 질려버린다. 따라서 시간관리를 꾸준히 잘하기 위해서는 빠른 피드백이 필요하다. 목표를 향해 어제보다 더 노력했다면 그만큼의 성과가 눈으로 보여야지만 재미를 붙일 수 있다. 이를 통해 우리는 잘하고 있는지 없는지를 판단할 수 있고, 때에 따라 목표와 계획을 수정할 수 있다. 피드백은 여러모로 아주 중요한 역할을 한다.

하루를 마감할 때 스스로 질문을 던지고, 그 질문에 대답함으로써 자신에게 오늘 하루가 어땠는지를 피드백해주는 것이 좋다. 질문은 사람의 정신을 깨어나게 하고 성장시키는 힘이 있으며, 습관적으로 하는 생각의 쳇바퀴에서 우리를 꺼낼 줄 수 있다. 하루를 즐겁고 알차게 보낼 수 있는 질문을 만들어보자. 체크리스트에 질문할 때는 수동적인 태도보다 능동적인 태도로 질문하는 것이 좋다(p.223 부록 참고).

체크리스트가 가진 힘은 목표를 이룰 수 있도록 나 자신을 행동하게 만든다는 것이다. '~에 최선을 다했는가?'라는 질문은 결과보다 과정에 더 중점을 두고 하는 질문이다. 성공했느냐 실패했느냐가 아니라 주어진 조건에서 우리가 할 수 있는 노력을 했느냐 안 했느냐를 묻는 것이다. 이렇게 질문하면 우리의 감정과 열정이 훨씬 더 강해진다. 그리고 이 감정과 열정은 우리를 행동하게 만든다.

'3주간의 체크리스트'를 만들기 전에 먼저 당신이 며칠간 피드백할 것 같은지를 예측한다(○○일 할 것 같다 or 3주간 꼭 실천한다). 그리고 '나는 오늘 (   )을 이루기 위해 최선을 다했는가?'라는 질문의 괄호 안에 자신이 원하는 것을 넣으면 된다 (다이어트, 요가 수업 듣기, 12시 이전에 잠들기, 긍정적인 인간관계, 인맥 늘리기 등등).

그림의 예시에서는 첫 번째 주에 블로그 글쓰기가 잘 안 되어 일단 다음으로 미루고 두 번째 주는 다이어트 체크리스트를 넣었다. 체크리스트는 언제든지 당신의 목표와 부합하는 방식으로 조정하고 바꿀 수 있다. 3주 차에서는 최대 7개의 체크리스트를 적을 수 있다. 물론 3개만 적고 싶으면 그만큼만 적고 피드백해도 괜찮다. 자신이 할 수 있는 만큼만 하는 것을 추천한다.

이처럼 하루를 피드백할 경우 체크리스트는 우리가 올바른 방향으로 잘 가고 있는지를 확인시켜주는 지표가 된다. 체크리스트는 다른 사람이 아닌 스스로가 점수를 매기는 시스템이다. 그래서 우리는 스스로 매일 질문을 던져야 한다. 자신이 만

성장up 체크리스트

Name. 김플랜
목표한 날 21 일

나는 오늘 [ ] 이루기 위해 최선을 다했는가?		1	2	3	4	5	6	7	평균
1주	1. 적극적인 행동	9	8	7	8	9	9	8	8.3 점
	2. 긍정적인 인간관계	7	9	8	9	6	9	7	7.8 점
	3. 블로그 글쓰기	8	9	6	-	9	-	-	4.5 점

나는 오늘 [ ] 이루기 위해 최선을 다했는가?		8	9	10	11	12	13	14	평균
2주	1. 적극적인 행동	8	7	9	8	7	9	9	8.1 점
	2. 긍정적인 인간관계	7	6	8	9	8	7	9	7.7 점
	3. 다이어트	8	9	6	8	9	8	9	8.1 점
	4. 어학 공부	8	9	5	8	9	8	6	7.5 점
	5. 사람들 좋은 점 발견하기	9	9	7	7	9	8	9	8.3 점

들어낸 점수에 실망하고 있을 것인가 아니면 더 노력할 것인가? 딱 3주간만 실행해보면 우리의 삶이 더욱 밀도 있게 만들어질 것이다. 자신을 객관적으로 바라보는 체크리스트로 피드백 연습을 꾸준히 하면 불필요한 행동과 일을 줄이게 되고, 결과보다는 과정에 집중하는 삶을 살 게 된다. 그러면 우리는 다이아몬드처럼 단단해질 수 있다.

32 관찰자로 '나'를 바라보기

    우리가 성장하기 위해서는 나 자신의 현주소와 장단점을 정확히 파악하는 것이 중요하다. 오늘 내가 했던 행동을 찬찬히 돌아보고 무엇을 잘했는지, 무엇을 고쳐야 하는지 등을 인식해야 한다. 그러기 위해서는 나를 아주 객관적으로 바라볼 수 있는 명쾌한 눈을 가진 관찰자가 요구된다. 이 관찰자는 늘 사심 없이 정확하게 나의 행동과 마음가짐에 대해 충고와 조언을 아낌없이 해주어야 한다.

    한편 관찰자가 나를 똑바로 보고 올바른 조언을 하기 위해 한 가지 필요한 것이 있다. 그것은 바로 '나와 의식(관찰자) 간의 거리'이다. 쉽게 말해, 나의 의식이 관찰자로서 나를 바라볼 때 그 거리가 중요하다는 의미이다. 눈앞 2cm에 물건을 두고 이 물건에 대해 말해보라고 한다면 정확히 보기가 어렵다.

물건을 파악하기 위해서는 적당한 거리가 있어야 한다. 마찬가지로 자신을 파악할 때도 제대로 올바르게 바라볼 수 있는 거리가 중요하다. 이 거리가 멀면 멀수록 우리는 세상으로부터 독립적이며 세상과 주변 환경에 쉽게 물들지 않고 자신을 정확하게 분석할 수 있다.

세계 2차 대전 당시 아우슈비츠 수용소의 수감자 생존율은 1%보다 낮았다. 이곳에서 살아남은 빅터 프랭클 정신과 의사는 이 극한 상황 속에서 '어떤 사람들이 살아남는지, 어떤 사람들이 버티지 못하고 죽는지'에 대해 연구했다. 그는 그 원인이 바로 '의식 간의 거리'라고 생각했다. 이 거리가 먼 사람일수록 살아남을 확률이 높다는 것이다.

외부로부터 어떤 자극이 들어올 때 나와 의식 간의 거리가 짧으면 자극에 바로 반응하게 된다. 누가 자신에게 뭐라고 하면 바로 되받아치거나, 몇 배로 갚는 것은 의식 간의 거리가 짧아서 생기는 현상이다. 반대로 나와 의식 간의 거리가 먼 사람은 자극이 들어오면 바로 반응하지 않고 먼저 생각한다. '왜 이 자극이 나에게 왔는가? 이 자극이 나에게 의미하는 바는 무엇인가? 내가 이 자극을 순순히 받아들여야 하는가?'처럼 말이다. 의식이 가해지는 자극에 대해 충분히 숙고한 후에 반응한다. 부정적인 신호가 들어와도 이것을 긍정적으로 바꿀 만큼의 충분한 시간적인 여유가 이 거리에서 생겨난다.

자신과 의식 간의 거리는 나를 정확하게 바라볼 수 있도록 해준다. 그로 인해 내가 올바른 방향으로 잘 가고 있는지 매 순간 나에게 질문을 던질 수 있고, 잘못된 방향을 바로 잡아줄 수도 있다. 나와 나의 생활을 옆집에 사는 사람이 바라보듯 사심 없이 무심하게 보자. 장기를 둘 때 옆에서 보면 길이 잘 보이는 것처럼 제삼자의 입장에서 보면 자신이 나아가야 할 방향과 길이 더 잘 보일 것이다. 당사자는 그 상황 속에 매몰되어 있기에 올바른 판단을 하기가 쉽지 않다. 나를 객관적으로 투명하고 솔직하게 바라보았을 때 나의 미숙한 부분이 보인다. 이를 고치려고 노력하며 더 나은 '나'로 성장할 수 있다.

33 명상의 힘

2003년 5월 18일, 세계 최고봉인 에베레스트산에서 산악 마라톤대회가 열렸다. 이 대회는 가파른 경사길과 빙하지대 등 험난한 코스로 세계에서 가장 힘든 마라톤대회 중 하나로 꼽힌다. 해발 5,364m에 자리한 에베레스트 베이스캠프에서 3,446m의 히말라야 마을 남체 바자르까지 약 42.195km를 달리는 코스로 진행되었다. 이 대회에서 최고령(85세)으로 완주한 사람이 있었다. 그분은 바로 우리나라의 박희선 박사(『생활참선』의 저자)이다. 완주한 사람 32명 중 25명은 셰르파(히말라야산맥 에베레스트산 남쪽에 사는 티베트계 네팔인)였다. 출발점인 베이스캠프까지 오르는 데 15일이 걸렸다. 함께 올라간 셰르파들은 숨이 차지 않는 박희선 박사를 보고 신기해했다. 그래서 "당신은 몇 미터를 올라가야 머리가 어지러워질까요?"라

197

고 물어보곤 했다. 일본의 아사이, 요미우리, 마이니치 신문 등은 앞다투어 이 '팔순 슈퍼맨 노인'의 스토리를 다뤘다.

사람 신체의 모든 기관과 조직의 기능 유지를 위해서는 반드시 일정 농도 이상의 산소가 있어야 한다. 공기 중에는 21% 정도의 산소가 포함되어 있는데, 산소농도가 18% 이하가 되면 산소 결핍 상태가 된다. 16% 이하가 되면 산소 부족으로 인해 두통, 구토, 어지러움, 기억력 감퇴, 소화 불량 증상이 나타난다. 높이가 2km 증가할 때마다 산소의 농도는 2% 감소한다.

이 대회는 에베레스트를 정복했거나 국제 마라톤대회에서 우승한 사람들에게만 참가 자격이 주어졌다. 박희선 박사는 킬리만자로와 메라피크봉의 최고령 등정자로 이미 기네스북에 등재되어 있었다. 1995년 히말라야산맥 베이스캠프(해발 5,400m)에 처음 오른 데 이어 1996년에는 메라피크봉(해발 6,654m)에 올랐다. 그는 82세였던 2001년에 아프리카 최고봉인 킬리만자로(5,895m)에 올랐다. 어떻게 이런 일들이 가능했을까? 답은 '명상(meditation)'에 있었다.

동양에서는 대부분 명상을 종교적 수행법이나 건강관리 차원으로 인식한다. 그러나 서구에서는 명상의 활용범위를 역량개발 차원으로 넓히고 있다. 구글을 비롯해 아마존, 애플, 페이스북 등의 글로벌 기업이 있는 실리콘밸리에서는 위즈덤 2.0 컨퍼런스가 열린다. 이 컨퍼런스의 단골 소재 역시 명상이다.

애플의 혁신적 사고와 제품을 탄생시킨 스티브 잡스도 젊은 시절 명상을 접하고 생활화했다. 최근 미국 뉴욕에서는 비타임(Be Time)이라는 이색 버스가 등장했다. 비타임은 놀랍게도 버스 안에서 명상수업을 하는 명상 버스이다. 비타임 버스는 매일 맨해튼 곳곳을 이동하며 명상수업을 제공하고 바쁜 일상에 찌들어 있는 도시인들에게 작은 쉼터가 되고 있다. 사람들의 입소문과 SNS 등을 통해 널리 알려지면서 많은 사람이 버스에 탑승해 명상수업을 받고 있다.

생활참선 명상 방법

1. 방석이나 쿠션을 깔고 앉는다.
2. 다리는 결가부좌로 한다.
   : 처음에는 안 돼도 괜찮다. 책상다리나 아빠 다리로 편하게 시작해도 된다.
3. 허리는 반듯하게 세워 앞으로 살짝 기울인다.
4. 머리는 하늘에서 정수리를 잡아당기는 것처럼 똑바로 든다.
5. 참선할 때는 양쪽 눈을 절반만 뜬다. 완전히 다 뜨지도 감지도 않는 것이 중요하다.
   : 앉은 자리에서 약 60cm 앞을 물끄러미 바라보면 된다.
6. 혀는 입천장에 붙인다.
7. 손은 잘 포개어 배꼽 밑을 감싼다.
8. 천천히 내쉬고 들이쉰다.
   : 처음에는 6초간 내쉬고 4초간 들이마신다. 날숨과 들숨 비율을 3:2로 해서 시간을 점점 늘린다.
9. 시간
   : 초보자는 한번 앉는 시간을 15~20분가량으로 정하는 것이 좋다.

이처럼 명상은 영감과 통찰을 주며 심신 안정, 스트레스 관리, 집중력 향상, 창의력 계발 등의 인간역량을 깨우는 새로운 대안으로 급부상하고 있다. 그중 창의력 계발과 집중력 향상은 업무처리의 향상을 가져와 시간관리를 좀 더 효율적으로 해낼 수 있도록 도와준다. 숨 가쁘게 돌아가는 디지털 세상에서 잠시 짬을 내서 자신을 되돌아보는 내면의 성찰 시간을 가져보자. 이 시간이 당신에게 집중력, 영감, 통찰력, 창의력 등의 엄청난 선물을 가져다줄 것이다.

Epilogue

시간관리는
자기절제가 답이다

우리가 생각하는 시간관리는 그리 만만하지 않다. 시간관리 안에 자기관리가 숨어있기 때문이다. 시간관리는 또 다른 나를 상대하는 것이다. 늘 피곤하고, 늘 쉬고 싶으며, 늘 놀고 싶은 나를 깨우고 다독여서 내가 원하는 방향으로 나를 이끌고 가는 것이 자기관리이며 시간관리이다.

자기절제를 빼고 시간관리를 이야기하는 것은 브레이크 없는 자동차를 가지고 목적지에 가려고 하는 것과 같다. 예를 들어, 당신이 친구들과 강릉으로 바다 여행을 가기 위해 차를 빌리려고 한다. 렌트 회사에는 두 대의 차가 있다. A는 정말 좋은 슈퍼카다. 6기통의 엔진과 최고급 가죽시트, 빵빵한 사운드의 스피커, 최고 시속 350km 등의 엄청난 기능과 인테리어가 고급스러운 자동차다. 그런데 딱 한 가지 브레이크가 없다.

B는 경차다. 3기통에 직물 시트, 나왔다 안 나왔다 하는 스피커, 최고 시속 80km 등의 기능을 가진 차다. 이 차는 브레이크가 있다. 두 차 중 어느 차로 강릉에 가겠는가? 아니, 어느 차가 강릉에 도착할 수 있겠는가? 잘 만들어진 차는 잘 나가는 차가 아니라 잘 서는 차다. 원할 때 잘 서야 아무 탈 없이 목적지에 갈 수 있다.

시간관리도 마찬가지다. 시간관리의 핵심인 절제력이 뒷받침되어야 원하는 결과를 얻을 수 있다. 절제력이란, 자기 자신을 스스로 통제하는 것이며, 고통과 쾌락의 갈림길에서 순간적인 쾌락보다는 미래를 위해 고통을 택하는 것이다. 고통과 쾌락은 동전의 양면과도 같다. 쾌락을 즐기면 나중에 고통이 오고, 고통을 참으면 나중에 쾌락이 온다. 아주 심플하고 간단한 이치다.

예를 들어, 고통을 저축할 수 있는 은행(고통은행)이 있다고 가정하자. 당신이 순간의 즐거움을 참고 고통을 은행에 저축해서 통장에 고통이 점점 쌓인다. 나중에 이것을 찾을 때는 쾌락으로 돌려받는다. 이자까지 늘어나서 쏠쏠하다. 100개의 고통을 저축하면, 쾌락 100개+이자 10개로 총 110개의 쾌락을 받는다. 반대로 쾌락을 먼저 고통은행에서 대출받아 쓰면 고통으로 갚아야 한다. 100개의 쾌락을 대출받으면, 고통 100개+이자 10개로 총 110개의 고통을 갚아야 한다.

미국의 유명한 작가인 짐 론은 "인생에서 둘 중 한 가지는 반드시 겪게 된다"라고 말했다. 절제하면서 생기는 고통 또는 절제하지 않아서 생기는 고통 말이다. 어차피 겪을 고통이라 면 먼저 겪는 것이 낫다. 쾌락을 참고 고통을 선택하는 것은 결 코 쉬운 일이 아니다. 그러나 이번 생에 무엇인가를 이루려고 한다면 절제력을 반드시 키워야 한다. 절제에서 오는 맑은 정 신과 몸은 날이 번듯하게 선 칼날 같아서 눈앞에 있는 일들을 단칼에 처리해 준다.

> 항상 쉬지 않고 노력하는 사람만이 자기 자신의 천국을 소유할 수 있다.
> - 괴테

Appendix

부록

Birth　　.　　.　　. → **Life Time Box** The day of　　's death　　.　　.　　.

1
2
3
4
5
6
7
8
9
10

11
12
13
14
15
16
17
18
19
20

21
22
23
24
25
26
27
28
29
30

31
32
33
34
35
36
37
38
39
40

41
42
43
44
45

46
47
48
49
50

51
52
53
54
55
56
57
58
59
60

61
62
63
64
65
66
67
68
69
70

71
72
73
74
75
76
77
78
79
80

81
82
83
84
85
86
87
88
89
90

TIME RECEIPT

FeedBack

!

시간가치점   시간구 소중동 7번지
사용자: T:337-3337
[일차]   20 - -

시간	금액	내역
0		
1		
2		
3		
4		
5		
6		
7		
8		
9		
10		
11		
12		
1		
2		
3		
4		
5		
6		
7		
8		
9		
10		
11		
12		
Total		24,000,000원

1. 나는 오늘 행복한 하루를 보냈다.
매우
아니다   보통   매우
                                        그렇다
0 1 2 3 4 5 6 7 8 9 10

2. 나는 오늘 시간을 가치 있게 사용했다.
매우
아니다   보통   매우
                                        그렇다
0 1 2 3 4 5 6 7 8 9 10

3. 나는 오늘 시간을 효율적으로 사용했다.
매우
아니다   보통   매우
                                        그렇다
0 1 2 3 4 5 6 7 8 9 10

4. 나는 시간영수증을 꼼꼼히 기록했다.
매우
아니다   보통   매우
                                        그렇다
0 1 2 3 4 5 6 7 8 9 10

5. 나는 시간의 가치를 알았다.
매우
아니다   보통   매우
                                        그렇다
0 1 2 3 4 5 6 7 8 9 10

Success Score :   × 2 =

30 Wish balloons

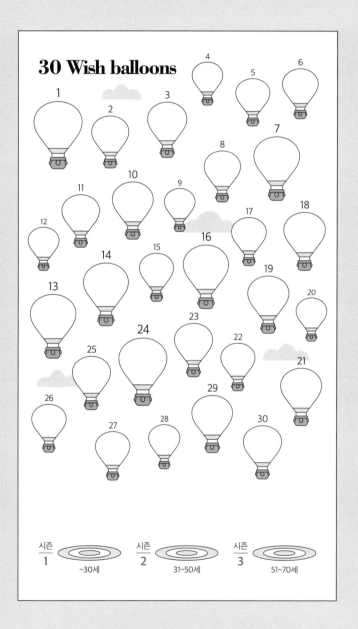

시즌 1 ~30세

시즌 2 31~50세

시즌 3 51~70세

Do25

(하) 나는 _____ 하고 싶다.

	_____
	_____
	_____

NO	Description	
1		
2		
3		
4		
5		
6		
7		
8		
9		
10		

Wish25

NO	Description	
11		
12		
13		
14		
15		
16		
17		
18		
19		
20		
21		
22		
23		
24		
25		

Be25

되 나는 _____ 되고 싶다.

NO	Description	
1		
2		
3		
4		
5		
6		
7		
8		
9		
10		

Wish 50

NO	Description	
11		
12		
13		
14		
15		
16		
17		
18		
19		
20		
21		
22		
23		
24		
25		

Eat25

(먹) 나는 _____ 먹고 싶다.

NO	Description	
1		
2		
3		
4		
5		
6		
7		
8		
9		
10		

Wish75

NO	Description	
11		
12		
13		
14		
15		
16		
17		
18		
19		
20		
21		
22		
23		
24		
25		

Get25

갖 나는 _____ 갖고 싶다.

NO	Description	
1		
2		
3		
4		
5		
6		
7		
8		
9		
10		

Wish100

NO	Description	
11		
12		
13		
14		
15		
16		
17		
18		
19		
20		
21		
22		
23		
24		
25		

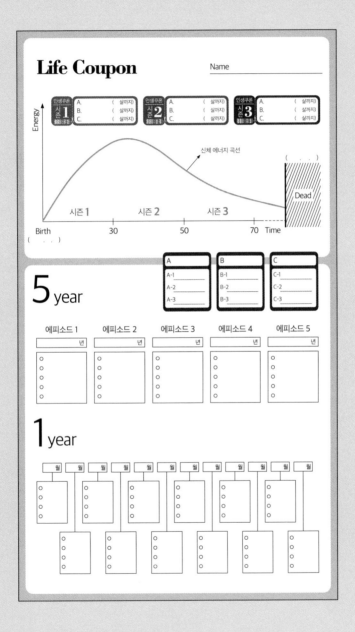

3단계 목표 설정

3단계

✪

2단계

Ⓐ   __위

Ⓑ   __위

Ⓒ   __위

1단계

①

②

③

④

⑤

⑥

⑦

⑧

⑨

⑩

Roll Model   /01

	이름
사진	국적
	일생
	분야
	저서

★   ★   ★

닮고 싶은 성격, 성품, 장점, 위기, 위기 극복 방법, 인생의 업적

_____

_____

_____

_____

_____

_____

_____

_____

_____

16 TIMEBOX

집중력 레벨
상 중 하

	1	2	3	4	5	6	7	8	9	10	11	12	13	14	15	16
1 (일)																
2 (일)																
3 (일)																
4 (일)																
5 (일)																
6 (일)																
7 (일)																
8 (일)																
9 (일)																
10 (일)																
11 (일)																
12 (일)																
13 (일)																
14 (일)																
15 (일)																
16 (일)																
17 (일)																
18 (일)																
19 (일)																
20 (일)																
21 (일)																

CONTROL MONKEY

1 언제: 어디서: 무엇을: 왜:	보상 ● 싸이렌	2 언제: 어디서: 무엇을: 왜:	보상 ● 싸이렌
3 언제: 어디서: 무엇을: 왜:	보상 ● 싸이렌	4 언제: 어디서: 무엇을: 왜:	보상 ● 싸이렌
5 언제: 어디서: 무엇을: 왜:	보상 ● 싸이렌	6 언제: 어디서: 무엇을: 왜:	보상 ● 싸이렌
7 언제: 어디서: 무엇을: 왜:	보상 ● 싸이렌	8 언제: 어디서: 무엇을: 왜:	보상 ● 싸이렌
9 언제: 어디서: 무엇을: 왜:	보상 ● 싸이렌	10 언제: 어디서: 무엇을: 왜:	보상 ● 싸이렌

감사일기 Ⅰ

Name.

1주차

/	
/	
/	
/	
/	
/	
/	

2주차

/	
/	
/	
/	
/	
/	
/	

감사일기 II

Name.

3주차

/

/

/

/

/

/

/

성장up 체크리스트

Name.
목표한 날___일

나는 오늘 [____] 이루기 위해 최선을 다했는가?

		1	2	3	4	5	6	7	평균
1주	1.								점
	2.								점
	3.								점

나는 오늘 [____] 이루기 위해 최선을 다했는가?

		8	9	10	11	12	13	14	평균
2주	1.								점
	2.								점
	3.								점
	4.								점
	5.								점

나는 오늘 [____] 이루기 위해 최선을 다했는가?

		15	16	17	18	19	20	21	평균
3주	1.								점
	2.								점
	3.								점
	4.								점
	5.								점
	6.								점
	7.								점

행복한 사람은 시간을 잘 씁니다

초판 1쇄 발행 · 2021년 4월 30일
2쇄 발행 · 2021년 6월 20일

지은이 · 박대휘
펴낸이 · 정혜윤
편집 · 김미애
디자인 · 김윤남
펴낸곳 · SISO

주소 · 경기도 고양시 일산서구 일산로635번길 32-19
출판등록 · 2015년 01월 08일 제 2015-000007호
전화 · 031-915-6236
팩스 · 031-5171-2365
이메일 · siso@sisobooks.com

ISBN · 979-11-89533-60-1 13190